寫吧！
為了抵達自己

放下自卑與恐懼，
重新認識自己的寫作練習

沒力史翠普——著

前言

寫作是上天賜予的美好禮物

教寫作課十幾年了，最初從一個單純的作家跨行當老師的時候，憑著的是一股「誰也不可能比我更熱愛寫作」的想法，單純的想與憧憬寫作的朋友分享我對閱讀及寫作的愛，並帶他們領略寫作的魔力。

對我來說，寫作其實是一種上天賜予的美妙禮物。

它改變了我的人生，當我從窮鄉僻壤什麼都沒有的小鄉下走向都市，是閱讀讓我知道世界很大，有著各式各樣的人，你我曾有的痛苦別人可能也有，讓我脫離了沮喪憂鬱的狀態，理解到人生想要有什麼樣的未來不一定就得依託命運，也可以靠自己去創造。

在我成長過程中，長期陪伴我的，是各式各樣的故事與小說，但這卻不是因為我成長的地方擁有豐富的圖書資源，而是因為我住的地方實在太過偏遠，沒有書店也沒有圖書館，最近的書店要搭車半小時到隔壁鎮上，最近的圖書館也需要半小時到一小時的車程才能到。

因為家境不好，也沒有零用錢，那時我連腳踏車都沒有，沒錢搭公車也離不開小鎮，不像現在有網路，想看什麼故事只要搜尋看看就能找到，當時因為想要看更多故事，我想盡辦法結交了附近村子裡所有家裡有書的朋友，尤其是那些希望孩子多閱讀開闊眼界的家庭。

當時比較誇張的紀錄大概是半個月啃完了學弟學妹家的九歌兒童文房整套八、九十本書。後來童書漸漸不能再滿足我了，我就將魔爪伸向同學的兄姊或住在同一個村子的老師身上，借的書也越來越多元。

我並不是一個善於讀書考試的孩子，學校的課業對我來說不算輕鬆，尤其因為家境因素，知道自己中學畢業就得出去半工半讀，叛逆期來得比較早的我，對學業不以為意，倒是對課外活動更有興趣。

我愛閱讀，甚至是普通的報紙跟雜誌也會從第一版看到最後的廣告頁，每一個字都仔細讀過一遍。

中學三年雖然因為思考方式跟行為模式跟身旁的同學不同有點被排擠，但我把在學校的時間都拿來寫小說，甚至還練就了一身表面上頻頻抬頭抄黑板，手上卻是馬不停蹄地寫著自己幻想出來的故事的功力。當時的讀者大多是同學或學姊，所以時不時就會被同學催稿，也是很有趣的經驗。

當時我還爭取到學校圖書館的打工資格，雖然每堂下課都得飛奔到圖書館幫其他同學處理借還書的事宜，但午休時間可以不在教室睡覺而是徜徉在十坪不到的圖書館裡，細細品讀每一本書，現在想來還是覺得十分幸福。

閱讀打開了我的眼界，寫作卻是潤物細無聲地改變了我的處事方式。

◇

自小父母離異，長年遭受長輩的情緒勒索，等到中學畢業終於能離開鄉下，我真是恨不得拔腿就跑，再也不回去。中學畢業前，有很多廠商來學校招收建教合作的學生，白天在工廠或理髮院工作，晚上去夜校讀書，除此之外還有薪水可以領。

我的兩個姑姑，一個只讀完小學，就把升學機會讓給我父親，一個雖然考了高中，卻因為只考到私立的，家裡無法負擔學費，而早早進入職場；所以我一直都知道，相較起姑姑們我幸運得多，至少我還能上學，但也知道，中學畢業後，只能半工半讀，所以我就像姑姑們一樣，進了大工廠當一個普普通通的女工。

雖然我沒想過要當女工一輩子，但也沒想過女工生涯不到半年就結束了，原因是身體撐不住，病倒了。

更糟糕的是因為生病，學業也被迫中止，直到隔年我找到我失散多年的母親，隨著母親南下高雄，這才重新回到學校，後來也一直都是半工半讀。

從那之後，一直到現在，我的人生長期都在疾病中掙扎，身體忽好忽壞。年紀輕的時候身體好一點還能外出工作，後來漸漸地，沒辦法勝任八小時的工作，甚至後來被恐慌症跟躁鬱症折騰得只能宅在家裡當宅女。

人生中的起起伏伏大概就是這樣吧！

當我們以為人生會一直往下走的時候，突然命運就讓你拐個彎，但不是每個拐彎都是不好的，很多時候這些轉折為我們的人生帶來了新的可能。

大約從中學開始，我就有了寫日記的習慣，有時我會在日記裡寫下自己靈光一閃的故事，有時則是透過日記跟自己深談，挖掘自己真實的想法，同時理解自己糾結的原因。

我的日記常常都是一寫就十來頁，雜七雜八什麼都寫，除了抄寫優美句子之外，有時甚至還會寫一段自創的小說劇情，與其說是日記不如說是草稿本。而在我沒有辦法外出工作後，意想不到的是：這些原本漫無目的的書寫，為我打開了一條充滿驚奇的創作之路。

當時的我之所以焦慮未來跟工作，是因為我正陷在一段糟糕透頂的婚姻之中，我因為國中畢業就出社會，身體又不怎麼給力，時常生病，原生家庭的挫敗與陰影讓我格外渴望擁有屬於自己的家庭。

每一次戀愛我都是以結婚為前提，但幾乎每一次最後都失敗了，後來決定嫁給前夫，一來是因為對方是認識八年又曾經交往過的前男友之一，也是因為他軍校畢業後便直接進了軍隊，收入比較穩定。

當時我雖然還不到二十五歲，卻已經因為工作和感情的波折感覺「累了」，我想好好安定下來，擁有一個屬於自己的家。只是我萬萬沒想到，這段婚姻不到一年就觸礁了，結婚滿兩年的時候，我們離婚了。

彼此認知不同，對家庭跟未來的想法也不同，更別說還有滿滿的謊言跟推託逃避，不負責任等等，在我下定決心要離開這段婚姻的時候，我意識到自己需要一份新的工作，一份不用固定時間上班，只要有精神就能做的工作。

我沒學過設計，也不了解其他接案的工作該怎麼做，想來想去，網路上結識的作家朋友給了我一個嶄新的可能：寫小說賺錢。

我從小學就開始看言情小說，一路看到長大，中學雖然上課無聊會寫小說，也憧憬過哪天成為言小作家，卻沒有一次真正付諸實行。

但這次，也許是因為無路可退，我仔細研究了寫作技巧，折騰大半年寫完了第一本書，幾次投稿後，這本書過稿了，當我領到第一份稿費時，我知道，我的寫作生涯開始了。

因為長年閱讀，看過許許多多的人生故事與文章，我知道世界很大，也知道自己的人生即便看起來一敗塗地，還是有路可以走，不需要把自己封閉在一個小角落。

哪怕婚姻失敗，事業也失敗，但是日子還得過下去，即便這世界上有太多糟糕的事情，卻也有很多值得去追尋的事情，能為生命帶來曙光，也能自我救贖。

寫作，剛開始是讓我成為了作家，有了一份只要願意努力寫就能活下去的工作。但在後來，寫作圓了我一個又一個夢想。

剛開始是一本筆記本一支筆，後來是一臺電腦跟鍵盤，現在很多時候我光是拿著手機就能寫作，用輸入法一字一句慢慢敲，就能寫出文章。這些年我除了小說之外，還做過許多嘗試，出了一些書，但讓我最喜歡的，還是寫作以及教寫作這件事。

因為寫作，我成了作家，出了十來本小說，寫過商業書，也出過圖文書；因為寫作，我成為老師，從剛開始只是小小的一對一及一對多課程，後來衍生成八百多人報名的線上課程，也實際踏上講師之路，受邀到不同的單位講課。

也因為寫作，當我躊躇滿志，一心想去做些什麼的時候，文字加上網路的化學變化，讓我們只花少少的錢，圓了書店的夢想；也因為寫作，讓我即便被躁鬱症折騰得極端畏懼社交及接觸人，也能夠透過閱讀跟寫作自我復健，逐漸脫離情緒陰影，找到了自己真正想走的道路。

最早我在網路上寫「人生練習班」跟「三分鐘過好生活」及心靈類的文字，其實是為了梳理自己的想法，有時是因為我看到他人的困境有感而發，有時是我好奇為什麼「我」是這樣想，又是這樣做？

我想知道那些情緒跟想法背後真正的根源，所以我試著去研究，試著挖掘，這一切最初都只是因為「我想知道」，所以我去做做看、寫寫看，沒想到有一天，陸陸續續有人告訴我，他很感動，他們被我的文字療癒到了。

這對我來說是很意外的禮物，也是我持續寫作的動力。

漸漸地，我不只為自己寫，也為陌生的網友們寫。心靈書寫的課程，從單純地教寫作技巧，轉變為陪著學生寫作、挖掘內心，為自己的生命解套。

也許對這些學生來說，剛開始寫作僅僅只是興趣，但時間一長，寫作自帶魔法，會讓人自然而然走進自己的內心，幫助他們走出各自的低潮與轉折，走出一條屬於他們自己的道路。

◇

《抵達自己》這本書第一次出版的時候，有個產後憂鬱的媽媽在心情低落到谷底時，忽然拋下一切漫無目的地往外走。她沒帶手機，也沒告知家人，一個人跑了出去，也不知經過什麼樣的歷程，最終她在書店偶然翻到了我的書。

那是我第一次把自己的人生經歷以文字的方式呈現，夾藏在半是寫作教學半是心靈療癒的書中，其中幾篇點醒了她，她忽然驚覺自己的生活並非全無價值，她的人生並沒有她想像中那麼糟。

她有一個家，有她原本是那麼期待生下來的孩子，她似乎不該如此輕忽自己的生命，否定自己的價值，那些讓自己痛苦難堪的事情，現在也許還過不去，但這都比不上自己還有可能動手去創造的未來與嶄新的可能。

於是，她躲開了死神的誘惑，開了自己想開的店，為自己躊躇不前的多年夢想，邁開了大大的一步。

透過朋友輾轉聽到她的故事，坦白說我非常感動，在此之前我只不過是誠實面對自己的軟弱與挫敗，把自己的故事說出來，沒想到那些不經意的文字卻鼓勵了她，讓她從此打開了禁錮自己的鐵窗。

現在的她已經是非常有名，也十分具代表性的地方獨立書店的店主，把小小的書店開得有聲有色。當心裡有了目標以及依靠，人生就不再徬徨，如今她把自己的生活過得很好。

過去十年，我走過很多地方，有實際到歐洲或日本各地旅遊，也有宅在家裡，幾個月足不出戶，跟自己的躁鬱症對抗，當時《抵達自己》的文案上寫著：

「我們曾經以為，人生的所有旅程都是為了抵達遠方。事實上，當你走得越遠，你就離自己越近——我們所有旅程的目的，都是為了抵達自己。」

而在十年後，當我擺脫了纏繞自己的陰影，走出了躁鬱症的困頓，也在長年調理下，逐漸學會了該怎麼跟自己的身體和平相處，我也更深刻地領悟了「抵達自己」的真義。

寫作是一種療傷，也是一種分享。

僅僅只是寫，情感就能得到釋放，心也會變得輕盈起來。

不管你是想將自己的人生透過虛構的故事展現，或是誠實地面對自己的情緒跟感受，到最後，這些釋放出去的感情，這些創作出來的文字都會回過頭來療癒自己。

大多數人的煩惱都是相似的，雖然有不同的部分，但情感部分卻是最容易共鳴的，也因此，那些誠實面對自己的文字，會讓你在不知不覺中療癒自己。

在這個世界上，我們大多數的人是如此相似又如此不同。

我們有類似的困擾，有面對工作人際不適應的壓力，有背負在身上沉重的親情或感情枷鎖，我們想飛，卻又畏懼失敗，我們想離開，卻又捨不得身上背負的一切。

我們可能遭遇挫折，陷入了前途無明的隧道效應，不知道自己只要轉過身，就能從狹窄的牛角尖轉向光明的坦途。寫作，尤其是為自己而寫，就是你最好的幫手，也能成為你的守護天使，陪著你從痛苦地獄返回人間。

無論你有什麼樣的生命故事，你可以花幾個小時讀完這本書，或是直接跳到課程部分，隨著每一個課題前進。你甚至可以隨意翻開一頁，看看有沒有觸動你的句子，試著動筆寫寫看，哪怕是零碎的句子也沒關係。

只要持續地寫就可以了。

只要真誠地為自己而寫就好。

PART 3 不要害怕：用寫作認識自己（實作篇）

PART 4

跨越陰影：沒力的故事

PART 5

沒力寫作課：談談寫作與人生

PART 6

生活的解藥：情緒檢查表與自我提案

PART 1　出發之前

什麼是寫作？

你想創作嗎？

你知道人生可以透過文字改變樣貌嗎？

第一節

寫作的本質

我在網路上開設心靈書寫課程算算也十幾年了。

心靈寫作的學生年齡範圍很廣泛：有十幾歲的學生，他們有的懷抱著探索世界的慾望，有的對自己的情緒化跟自卑十分困擾。因為還沒進入社會，所以大多數的煩惱都是人際跟未來，是的，即便年紀還很輕，未來到底該往哪裡走，該不該追求夢想？或是自己到底有沒有夢想，都是他們煩惱的課題。

絕大多數心靈書寫課的學生，都是二十幾到四十幾歲，以女性居多。

他們大多有多年的工作經驗，也有一些感情的經歷，對自己的人生有些疑惑卻沒有人可以討論，或是身邊的人聽不懂他們想說的事，無法理解他們的創作慾及精神上的追求，還有一些人，明明人生跟職涯才剛起步，就已經被自己的情緒跟人生的挫折絆倒了。

有些人困在原生家庭裡，找不到出路，責任與牽絆讓他們離不開、走不掉，只能原地打轉；有些人背負著壓力，追逐著公職考試或學位，被一次次落榜碾碎了自信，失去面對職場的勇氣；也有人，在愛情裡受了傷，找不到可以重新振作起來的方法。

年長一些的，也有六十幾歲的學生，因為大多人生經歷豐富，所以想把自己的人生故事記錄下來。

不管是哪一個年齡層的學生，最大的問題都不是寫不出來，而是太習慣忽略自己真實的感受跟情緒，或是一朝被蛇咬十年怕井繩，受過挫敗後，就不敢去看清自己的經歷與傷痕。因為恐懼而逃避，因為忽視而暫時得到喘息。

而當一個人長期壓抑自己真實的心情，壓抑久了，也就遺失了自己。

#寫作是一種傾聽，幫助你理解自己的心情與想法

人的所有經歷與想法，都會在生命中留下痕跡，不管那是好的痕跡，還是壞的痕跡，有些痕跡比較深刻，會成為內心的疤痕，有些痕跡比較淺，會隨著時間過去逐漸遺忘。

艾賓豪斯的遺忘曲線提到，人在學習或背誦一項知識之後，大約二十分鐘就會遺忘百分之五十八，到了隔天，甚至會忘掉八成，只有兩成左右會留在我們的腦海中；但若沒有刻意強化那些記憶，隨著時間過去，那些記憶就會沉入很深很深的地方，就像藏在上鎖的盒子裡，如果沒有特定的記憶鑰匙，一般人是想不起來的。

對於學習得來的知識我們是這樣的，而對於我們親身經歷的事情，其實也是這樣，這世界上雖然有能鉅細靡遺記住每分每秒發生所有事情的「超憶症」（或稱：高度優異自傳式記憶ＨＳＡＭ），但我們大多數人是做不到的。

超憶症患者不僅僅是過目不忘，他們根本無法遺忘任何事情，過去的每一件事情對他們來說都歷歷在目，過去的美好跟痛苦同時存在，對身心是很大的壓力。

我們一般人能夠遺忘，所以能夠從嚴重的創傷中走出來，但也因為容易遺忘，如果你曾壓抑自己，強迫自己去忽略生命中的重要事件，那些被壓抑而扭曲的情感，就會變成時不時的情緒炸彈，讓人常常情緒不穩定。

追根究柢，是因為連自己都沒有好好去聆聽並理解自己的想法跟感受。

常常聽說有人想要「找自己」，我也有好多學生跟我抱怨過他們的「情緒化」，情緒總是讓他們猝不及防地跌倒，或是突然捅他們一刀，讓他們無法繼續前進。但若陪著他們仔細深入去挖掘，就會發現，因為情緒帶來的負面影響太大了，以至於他們很容易誤以為「情緒」就是造成他們挫折、痛苦的根源，卻忽略了產生這些情緒的真正原因。

在大多數人的眼裡，情緒化都是不好的，我們都害怕自己會被貼上「情緒化」的標籤，因此遇到很激烈的情緒時，幾乎都會下意識排斥去細想，因為情緒上來的時候往往是自己已經受傷的時候，這種時候，誰還能冷靜以對呢？囫圇吞棗地壓抑情緒，漸漸就變成大多數人第一時間的反應。

因此，理解自己的時候，首要的，並不是否定自己的情緒，或是壓抑自己的想法，強迫自己絕對理性，而是應該正確地去疏導那些情緒，問問自己怎麼了？為什麼會有這些反應？是哪些反應讓自己不舒服了呢？

畢竟所有情緒都有原因，而了解前因後果，就是探索自己的內心。也就是說，如果你想要真正地找到「自己」，那麼理解你的情緒跟想法就是第一步，你的所有情緒裡頭都會藏著暗號，當你拼湊足夠多的暗號，就能找到打開這個密室的鑰匙，也就能從無止境的情緒風暴中逃脫出來。

如果你願意把一件事情的前因後果統統寫下來，包含那些你覺得不高興或是不舒服的部分也仔細寫下。不需要省略枝節，而是像一個充滿耐心的偵探一樣仔細摸索，抽絲剝繭，你就會發現，所有的細節都帶你走向答案，而答案本身就是原因，也是讓你擺脫痛苦的解藥。

人世間決定事情好壞的常常都是細節，而細節常常會在訴說的過程中逐漸淡忘，失去了細節的事件，很難讓人找到真正的線頭，也就找不到解套的方法。

大多數人憤怒或覺得不被尊重時，有些人會跟同事親友抱怨，有的則會壓抑下來，壓不住不小心遷怒別人時又會自我厭惡，這樣的事情其實只要抽出五到十分鐘，拿個筆記本或是抽幾張紙，把事情好好寫下來，就能抒發大半。

寫的過程，就像是寫信給朋友，只是收信對象是你自己。

人的記憶其實是選擇性的，當人恐懼受傷時，提取出來的記憶就都是危險的、可能讓自己受傷的；但當人志得意滿時，則會想起那些美好的體驗跟成果。

寫作，其實是在自我、感受及情緒之外，拉出一個距離來，讓自己可以客觀看待自己，也讓自己在被困住的時候，多一道逃生門。

回歸到源頭，寫作其實是一種傾聽。

就好像我們跟朋友見面，或是去上一堂含金量高的課程時，我們的傾聽本身會帶來收穫，是很有價值的，傾聽自己內心的聲音也是。

僅僅只是傾聽日常瑣事、傾聽煩惱與雜念，就能為內在帶來巨大的能量。

只要提筆開始寫，就等於是跟內在的自己深層對話了。

所以，試著漫無目的地寫寫看，把浮在表層的雜念寫下來之後，真正深層的精華就會浮上來。

#寫作是一種表達，幫助你認識自己是一個什麼樣的人

人天生就會表達，從呱呱墜地開始，還只能發出「哇、嗯、喔、啊」等單音時，要想引起大人的注意，哭泣是最簡單也最快速的表達。

小寶寶尿布溼了會哭，肚子餓了會哭，身體不舒服的時候也會哭，所有新手爸媽都得在第一時間學會判斷小寶寶的身體狀況，才能給予應有的照顧。

等到孩子慢慢長大了，經歷了「三翻、六坐、七滾、八爬」，也慢慢學會說話，能表達的情緒跟想法就越來越多，所以說，沒有任何一個人是不會表達的。

從細微的表情動作到言語，甚至付諸行動，所有的表達其實核心都是一樣的，都是為了傳遞自己的想法。

想要透過寫作了解自己，重點是你願意說，也願意寫，倘若你不願意讓任何人知道你心裡的祕密，所以避而不談，所以迴避表達，久了就會發現自己很難開口去談那些比較深的事情。

就好像無意間上了鎖，隨著時間過去，鎖孔蝕鏽，即便有鑰匙也不一定打得開那

個藏有珍貴記憶的小房間。

我有個學生性格敢愛敢恨，她情路坎坷，人也是愛逞強的個性，剛開始來上課時她告訴我，她只有在壓力大到一個極點的時候才願意寫作，寫完就邊哭邊燒，把那些記載著她的痛苦與壓力的筆記統統燒成灰。

在她的生命中，表達自己的情緒跟壓力這件事情，是被壓抑的。她說哭完會好受一些，但我從她的眼神中看見，她害怕那個受傷的自己，因為實在太害怕了，所以透過不說不寫來保護自己。

還有個學生，是個特別情緒化、好勝心強，每天上班都會氣哭的女生。在我早期的寫作課中，她是唯一一個足足跟了我兩年的學生，她上班的地方在臺北市，家卻在三峽。後來我搬到新店後，因為種種原因不方便開實體課，她也是唯一一個追到新店來上課的。因為我們時常聊得忘我，所以她幾乎每週都瘋狂衝刺、緊趕慢趕地追末班車回家。

她情緒豐沛，並不全然是負面的情緒，她的個性就是對工作跟感情都很看重，生活比較用力，所以很多事情的情緒反應都很大，同時又有層層顧慮跟煩惱，哪怕是上班氣哭，也是因為求好心切，種種心情複雜難言，最終只能用眼淚宣洩。

也因此，當她真正握住筆開始寫的時候，時常能淘洗出很有趣的東西。直至現在，十多年了，她仍然每一年都會寫信給我，跟我分享那些有趣的點點滴滴及這一年的收穫。

寫作讓她擺脫了自己長年的情緒化，也讓她透過文字一層層地了解自己，如今的她已經不再像當年那樣常被情緒逼到角落。

兩年的課程，幾年的沉澱，如今的她已跟文字之間建立了穩固而安全的橋梁，寫作成為她在現實生活與情緒之間的迴旋空間。她不再在情緒的隧道裡跌跌撞撞，如今的她，步伐堅定地過著自己想要的生活。

對著文字袒露自我，不見得是一件容易的事情，但試著去表達自己喜歡或不喜歡的事情，卻容易得多，只要一開始試著表達，就會發現自己跟情緒之間有了可以彼此冷卻的空間，也會發現，表面上我們遭遇了這樣或那樣的事情，但動筆寫下，卻會跑出一堆細節，讓我們可以沉澱下來，領略生命給予的滋味。

#寫作不是是非題，最重要的是你的感覺

很多人在第一次開始寫作的時候，常常會因為不知道該寫些什麼而呆住。眼看其他同學低頭振筆疾書，可自己卻還是腦筋一片空白，就會非常煩躁，不知道該怎麼辦才好。

有的人就此覺得自己沒天分，對於寫作避之唯恐不及，有的人則到處走逛，看遍別人的故事，才終於拿定主意寫下自己的文字。

小時候在學校裡，國文老師會開題目給我們，不管那個題目是「我的志願」還是「季節」，總有個題目可以依循，變成上班族之後，也許做報表或是報告企劃書，但這一切都會有個主題，讓我們不會無所適從。

某些朋友可能還需要一些範本跟一點參考資料，才知道自己應該寫什麼樣的文章，弄出什麼樣的報表來。但工作是工作，學校作業是作業，這些文章從來都不是為自己而寫的。

常有人問，沒有範例的話，該怎麼開始寫作？該寫什麼呢？

寫作並不是是非題，只要忠實地寫出自己喜歡、自己在意的東西就好，那些發自內心的感受本身就是寫作最好的依據，並不需要什麼範例。

這個世界上第一個出現的故事並沒有任何範例可以依循。第一篇散文或日記，也不可能有範例，那又為什麼會出現這樣的文章呢？第一個寫下的人心裡在想些什麼呢？他會不會因為沒有前例而焦慮不安？會不會覺得很沒有自信呢？

也許我們的人生需要範例，才能知道該走往什麼地方，才能知道風險是什麼？必須付出什麼代價。但是萬一人生與生活完全沒有範例呢？文字、感想、心情難道都會因為沒有範例而消滅嗎？

就算有了範例或範本，那真的是我們要的人生？真的是我們要的感覺嗎？有範例也許可以不出錯，但卻不代表結局一定是美好的，也不代表最終會導向幸福結局，很多時候，範例僅僅也只是給我們不出錯的答案罷了。

在這個世界上，沒有人開班授課教人「嘮叨」，沒有人開班授課教人「抱怨」，可是這世上每一個人都知道怎麼抱怨跟嘮叨，為什麼呢？

不就是因為這些動作跟我們的情感完全連在一起嗎？

如果我們擔心一個人或在意一件事情，很難不嘮叨，大家不妨可以想想人生中有沒有嘮叨或抱怨的經驗，通常嘮叨出自於關心與在意，抱怨則是出自於期待落空或是覺得難過、受傷，或是心裡過不去等等。

寫作也是因為這樣。

每個人其實都有很多話要說，不管是對大眾說的，對同事、家人說的，還是對自己的親密伴侶說的，當然，也有只對自己說的話。

而這些話語，是不需要範本的。

如果你想寫故事，可以寫你想看的故事，用你想要的感覺而非別人給你的公式老梗或範例。

如果你想寫散文，想文詞優美，我們的確該去學習很多新的字彙與用法，學習如何表達我們最真摯的感情。

但無論文詞多麼優美，無論找到了什麼樣的範例，最重要的都不是這些。

最重要的一直都是「你想說什麼？」

最重要的其實一直都是「你的感覺」、「你的看法」、「你的想法」。

第二節

如何開始寫作？

#從手寫開始

雖然現在已經很多人都只用電腦或手機寫文字，但電腦跟手機的格式是固定的，很容易在剛開始的時候限制發揮，所以最開始的時候，希望你是用手寫的。

雖然敲打鍵盤時，也有人能夠充分運用十根手指頭，但手寫的時候，大概是因為牽動的肌肉跟神經不同，大腦會比打字時活躍，聯想力也會比較好。

找一本喜歡的筆記本，據說喜歡寫作的孩子大多都是筆記本控，你也有幾本封面或版型喜歡的筆記本吧？

找一支滑順的筆，或者你想練好鋼筆字，也可以用鋼筆來寫，你可以有一支兩支或很多支寫作的筆，想要隨著心情改變顏色也可以，只要這支筆寫起來讓你感覺很舒服就可以了。

寫作過程中你會聽到沙沙沙的聲音，那是筆上的墨水順著你的一筆一畫鑲進紙上的聲音，順著這個舒服的聲音，放鬆你的肩膀，無論你是想用條列式一條一條寫下來，還是興之所至隨意揮灑都可以。

當你往下寫到一個段落，突然想起一句要補充在上面的句子，你可以用筆隨意畫個箭頭出來，沒頭沒腦只是補個關鍵字也可以，畫個小圖或笑臉也可以，但若你是用電腦或手機寫作，需要補充句子的時候，就會很容易卡住，所以除非你已經可以不看鍵盤盲打，剛開始的時候還是建議從手寫開始。

不管你想到哪裡，不管你想到什麼，不要阻止自己，只要寫下來就好。

好好地聆聽自己內在真實的想法，哪怕很瑣碎或沒重點都沒關係，就當成閒聊，跟自己好好聊聊，好好聽一聽自己真實的想法。

#不擅長表達的人也能寫作

在這邊想要提醒你，在還沒動筆之前，請不要輕率地說自己不擅長寫作，或是不會寫作，美國作家歐康納曾經說過，任何從童年一路走來的人，都有足夠的素材寫作，你也一樣。

所以當你以為自己沒有東西可以寫，也不知道該寫什麼的時候，不妨從你過去輝煌的經歷或探索中，找尋那些你曾經投注熱血的事物，無論現在有沒有繼續那些興趣或歷險，那些過程與經歷都是你珍貴的記憶與創作，請好好地把他們發揚光大，至少，也得為自己保留這些美好記憶才行。

倘若你要寫論文，或者你想寫類型小說，不管是推理、懸疑還是愛情故事，這都需要學習某些特定技巧，推理懸疑要學會埋伏筆，製造懸念，愛情故事要學會撒糖；但表達自己、書寫心靈，只要你願意開口說，願意動筆寫，就能開始。

很會說話的人未必能寫出深刻的文學作品，但要透過文字溝通或是表達想法並不困難；不擅長說話的人也未必寫不出好文章，有些人性格內斂，聊天說話時若是彼此反應速度不同，反應慢一點的人，話會比較少一些，或是來不及回應，但在寫作的時候，卻不見得會影響到文字表達的效果。這是因為寫作時，表達想法跟回應速度，是依照個人的速度而定，並不像球類運動那般，需要時時刻刻追著球跑。

整體來說，**透過寫作表達自己的想法，更像是一個人的散步或慢跑。**

你可以決定什麼時候快，什麼時候慢，也可以決定什麼時候結束以及什麼時候轉彎。無論你是反應快還是反應慢，無論你是不是八面玲瓏、長袖善舞，只要你願意透過文字表達，就能自然而然寫出文章來。

很多人以為寫作就是要使用各種寫作技巧，或是用很多成語或典故，其實說穿了，想要寫得好，真正需要的是表達的力量。當你有話想說、想表達，這就是寫作的開始了。

文筆會透過一次又一次地表達進化，詞彙則是透過一次次閱讀好作品，用潛意識、用身體慢慢學會的，當然如果你想速成，也可以動筆把那些好句子抄寫下來，然後試著唸唸看，這樣會記得快一些。

當然如果你跟我一樣記性不太好，背不起來，那麼抄寫跟朗讀可以雙管齊下。除了用眼睛，也用耳朵來學習這些好文字，會有意想不到的好效果。

#寫作如唱歌

真要比喻，寫作這件事情，就跟唱歌一樣。

人的大腦可以完美存儲很多東西，除了記憶跟文字之外，音樂跟韻律也是，但是聽懂了，大腦記住了，想透過嘴巴把一首歌唱出來，並不那麼容易。

一首好聽的歌，大多在旋律跟歌詞上都下了很多功夫，有的歌詞特別美，有的是旋律特別深刻，一聽就難以忘懷，但每個人的聲音粗細與音域都不相同，耳邊聽見的好歌，換做自己來唱，未必能唱好，畢竟，從發聲到換氣，還有控制肌肉跟聲音，樣樣都是功夫，海豚音也不是人人都飆得上去。

人在唱歌的時候，扣掉清唱，幾乎都是一邊用耳朵聽著旋律一邊用嘴巴發出聲音，同時需要運用聽覺跟喉嚨，或者有人比較厲害可以用腹式呼吸來唱歌，總之，單靠聽，或單靠唱，都不見得能唱得好。

就像寫作，不愛閱讀的人能寫作嗎？

能，只是用詞會比較淺白，少了些語句上的修飾跟譬喻等技巧，但不影響表達，熱情不會因為用詞簡單而失去熱度。

愛閱讀的人能寫作嗎？

當然能，但是如果過去以來你都只是閱讀，沒有試著透過文字來表達自己的想法跟感受，你可能會很困惑自己為什麼讀了那麼多書，寫作卻十分生澀，好像沒辦法好好運用自己會的東西。

愛閱讀卻很少表達自己的人，就像聽了很多好歌，也聽得好像有點熟悉了，但對歌詞很陌生，也很少仔仔細細跟著旋律唱歌，頂多記得幾句副歌。這些儲存在記憶中的旋律、好句子，還只是倉庫裡的一件珍藏。你知道自己擁有，卻沒辦法馬上使用。

想要把那些藏在倉庫的好東西用出來，必須要常常暖機，常寫常用就會越用越順，表達是需要一次一次練習來提升熟練度的。

#閱讀能為作品增添風味

前面提到，閱讀可以幫助寫作，但寫作卻不一定需要事先讀很多的書，也就是說，並不需要持有你讀了幾百本書的證明文件才有資格寫作，寫作本身是不需要資格也不需要條件的，不管是小朋友還是大人都一樣。

比起其他技能，寫作的範圍相對廣泛得多，食譜書的寫作是一種寫作，文學小說的寫作是一種寫作，商業書、實用書，大眾小說等等也都是。

上面舉例的這些文字其實都是不同類型的，實用書跟商業書追求的是讓讀者看懂並且能夠上手實作，文學小說的文學性發人深省，大眾小說就像好萊塢電影一樣，目的是把讀者帶進小說世界，沉浸劇情當中，愉快地度過一段時光。

同樣是寫作，類型不同，用詞跟著重的地方也會不太一樣。

很多家長安排小孩去上寫作班，很多學校每年寒暑假都會開出年度書單，報名寫作課、讀每年的精選好書都對寫作有幫助，但卻不是寫作的唯一途徑，其實只要你喜歡閱讀，只要你願意嘗試寫寫看，即便沒有去上課或是看書單上的書，一樣能讓寫作進步。

我在教課的時候都會要求學生大量閱讀，想寫小說就要多看小說，想寫散文就要多看散文，想寫詩的也得多看一些好詩。

心靈寫作的學生的閱讀範圍其實是越廣越好，廣博的類型能開拓人的視野，但最重要的是，你得找出自己喜歡的書，並且享受這本書帶給你的愉快時光。只要能沉浸在新的故事或世界裡，並且樂在其中，不管是書還是電影或者音樂，都會得到更多寫作的動力。

經典文學很棒，如果你看了很喜歡，那很棒，但若你並不喜歡嚴肅文學，平時只愛看暢銷熱門的書，那也很好。

常讀商業書的人會比較擅長簡潔的說明文字，常看小說或其他文章，文字的可能性會更多一點，但這也不是絕對的，例如我有些作家朋友寫小說特別好看，但一寫到生活散文就乾巴巴的，這是因為他們把所有熱情跟生活重心都放在小說上的關係。

不管你讀了什麼樣的書，當你開始寫作之後，你會發現自己看書注意到的「重點」開始轉變，有人會特別意識到漂亮的句子或成語，有些人則是會開始思考為什麼作者要這樣安排？如果不這樣安排，劇情會變怎樣呢？

這個故事或這篇文章，好是好在哪裡？壞是壞在哪裡？為何角色能夠輕易牽動我們的心情，為何總有那麼一段可以深入內心的文字，讓人感動或震撼不已？

沒有「寫作」這一層濾鏡時，我們看書看的是劇情跟故事及知識，但套上了寫作這個濾鏡之後，不僅僅是讀的時候會有很多意外發現，還會發現自己學到了寫作技巧跟鋪陳的方式，而當你動筆寫作時，這些意外收穫就會透過潛意識，滋養你的文字。

#罰坐與暖機

日本知名小說作家村上春樹為了寫長篇小說而開始跑馬拉松，據說是因為下盤不穩，下半身力量不足，就坐不住，所以幾乎日日跑步鍛鍊自己，但在他寫馬拉松的《關於跑步，我想說的其實是……》這本書中，他也提到有時候真的很糾結、很不想出門跑步。

在這一點上，大作家與普通人一樣，也會有很多小掙扎，偶而也會想要小偷懶一下，我們一般人如果對跑步有興趣也許也可以鍛鍊看看，但若沒有跑馬拉松的體力或時間，不妨可以先從學會罰坐開始。

侯文詠為了寫書，每天規定自己罰坐一定的時間，在這段時間內只能面對稿子或電腦，因為寫長篇是很需要自制力的，而且寫作是一件很難偷工減料的事情，當天寫一個字就有一個字，不寫就連一個字都沒有。

現在人因為智慧型手機隨手一滑就有很多資訊從眼前掠過，大腦已經習慣短時間接收大量資訊，也因此「專心」變成一件很難的事情，「專注力」更成為一種資產，而且還是特別珍貴的資源，用完無法額外補充，也沒辦法存下來用。

如果你想要寫作，又怕自己坐不住，不如從每天暖機個三分鐘開始，據說一般演講者說話的平均速度是一分鐘一百個字，三分鐘就是三百個字。

只要從每天三分鐘開始，寫不到三百字也沒關係，最主要是坐下來寫。

剛開始練手的時候，並不需要要求自己每個主題或文章都一定要寫得很多、很完整，你可以把每天暖機的文字當成未來文章的草稿，或當成日記來寫也可以。

你可以寫自己今天有點在意或百思不解之事，也可以把最近看過喜歡的作品或文章的感想記錄下來，不管想寫影評還是樂評都可以，當然也可以單純記錄自己的心情。

每天只要三分鐘，寫多寫少都可以，字數沒有限制，題材也是。

即便不是天天寫，三天捕魚兩天晒網也無所謂。

即便斷斷續續，只要能夠維持兩個月，就會發現筆下的文字慢慢出現自己偏好的主題，也會發現文章越來越流暢，這是持續的魔力，也是寫作暖機的好處，所以，如果你想進步，就從每天花幾分鐘暖機開始吧！

不用給自己什麼規範，例如非得要寫到什麼程度還是成果，也不需要什麼額外的情緒負擔，只要動筆開始寫，就是在做寫作練習了。

PART 2　旅程開始

寫作方式

寫作是從無到有的一個過程，

從生活中採集，剪接你生活中的美好片段，

這世上只有你能創造你自己人生的精彩。

第一節

日記

#在開始寫作之前，先用日記記錄生活及想法吧

所有來上我寫作課的學生，我都會要求他們寫日記。

日記除了可以記錄生活，也可以作為創作的草稿或是藍圖來使用，因為沒有格式與篇幅的限制，你可以隨著當天的心情寫得落落長，也可以簡短記錄幾句。

由於日記的長度沒有限制，內容的時間軸也是隨個人當下的想法跟感覺，不見得只能寫當天發生的事情。

可能你今天寫日記的時候想起一件去年的事，不知道為什麼現在突然想起？那麼

你今天也可以透過文字來爬梳這整件事情。

當那件事情發生的第一時間，不管是衝擊還是情緒，一定跟過了一年後的現在不同，你可以單純記錄自己的想法差異，也可以把現在的感想跟檢討或結論寫下來。

你可以在日記中假設自己的未來，也能在日記中回顧自己的過去。

無論是過去未來還是現在，只要寫的事情是你關心的事，就有被記錄下來的價值。哪怕是別人的事情或是網路上、生活中旁人所發生或經歷的事情也一樣，只要是你在意、你關心、你想知道後續等等，都可以試著書寫。

不要覺得生活像流水帳，沒有特別的事情，就以為自己沒東西可以寫，你可以把自己有點在意或是有點興趣的事情納入記錄範圍，也可以為自己規劃一些可能性。

現在是個資訊特別流通的時代，因為有趣的事物實在太多，哪怕一瞬間覺得好奇，也很容易在下一秒就淹沒在訊息洪流中，所以刻意而主動地保留某些有趣的記錄就顯得格外重要。

允許「可能性」進入你的生活，也允許自己的人生增添可能性，此外，對於人生的規劃或是未來的憧憬等等，也可以寫在日記中。

我曾有一段時間，特別認真地看每週星座運勢，除了會把自己星座的運勢抄寫進日記之外，還會特別把新月願望寫在日記裡。

神奇的是，當我事後翻閱舊日記，就發現我很多時候許下的願望，不管是不是趁著新月願望時許願，只要這件事情被我寫在日記上好幾次，幾乎都會實現。（除了中樂透這種虛無飄渺，特別靠運氣的事）

因為這些夢想成真的真實經驗影響，對現在的我來說，日記就如同夢想筆記，想要美夢成真，透過文字來釐清自己真正想要，並且一直想追求的生命價值，是很有效果也很有幫助的。

當然多寫幾次，讓這些想法跟目標進入自己的潛意識，進而融入生活之中，變成自己的習慣，日日勤耕不輟，積沙成塔實現目標，也是一種方法。

日記是生活的記錄，也是人生的草圖，你的情緒模式、思考方式，常常遇到的事情與常猶豫煩惱的事，都會保存在這上面，只要每天為自己寫下一點文字，這就是最簡單也最基礎的寫作練習了，每一個人都做得到。

無論你是什麼年齡或背景，都可以透過日記來做寫作練習。

此外，日記的療癒效果也非常棒！

因為在書寫那些讓自己心痛難堪的記錄時，除卻抒發情緒，其實也是一種能夠觸碰到內心深層的爬梳，尤其當你願意鉅細靡遺地寫下整件事情的過程時，內在會有一個宛如智者般的聲音浮現，那是另一個我們，內心最深處也最澄明的我們，當然也是這個世界上最能夠了解你所有糾結與煩惱的存在。

在寫完的瞬間，那個撫慰自己、點破整件事情關鍵的念頭會像深海的泡泡一樣，從內心最深處跑出來。每當那個聲音出現時，原本還籠罩眼前的迷霧會漸漸散去，情緒會得到抒發及撫慰，煩惱也會得到釋放。

所以你可以盡情地寫、暢快地寫，日記不僅是你暖機，維持寫作手感的好幫手，也是自我療癒的敲門磚，隨時能夠幫助你從陰影中回到陽光下。

#自由書寫：完全沒限制，最基礎的日記

自由書寫是最沒有邊界也沒有限制的一種寫法，也算是基礎日記的一種，但並不需要按照時間日期來寫，更適合信手捻來，隨意寫。

你可以在吃完午餐休息的片刻隨手拿出紙筆，可以一邊放空地塗鴉一邊琢磨自己最近發現的事。

我曾在巴黎看過一場提姆．波頓的創作展，展覽中展示了他的各種創作，例如《地獄新娘》跟《聖誕夜驚魂》兩部停格動畫中的人偶、幾部知名電影像是《剪刀手愛德華》的戲服跟各種電影道具，還有許多畫作與動畫及電影。

其中最讓我印象深刻的，是一系列餐巾紙塗鴉作品。

這些作品一看就知道，全都是提姆．波頓在工作與生活的各種聚餐中，隨手拿出筆，就著乾淨的餐巾紙塗塗畫畫而成。

這些隨興所至的餐巾紙上，有他反覆琢磨的角色造型，也有率性自由的塗鴉。不同時期的塗鴉中，也看得到他逐漸完善或修改角色造型的記錄，還有他許多靈光乍現

的點子。

為了展出，這些餐巾紙被裝裱在畫框中，懸掛在展場的走廊間，看著這些被慎重裱框的餐巾紙，我有些震撼，因為我沒想到創作可以從這麼小而普通的地方開始，忘了帶筆記本的時候，我也很愛在餐巾紙上塗塗寫寫，卻從來沒想過，小小餐巾紙也能記錄創意與可能性。

自由書寫就是這樣，像是從自己的聲音中淘洗想要留下來的記錄，也像靈感與創意的自由延伸，因為真的沒有任何規範，所以除了可以用來當單純的記錄或是自我傾訴之外，也能用在工作上或是自己的興趣嗜好上。

有些學習牌卡解牌的占卜師會透過自由書寫來打磨自己的靈感及解牌技巧，因為牌卡有很多含義跟符號語彙藏在卡片上，要解牌，就要懂得拆解牌卡上的訊息，不見得要按照解牌書上一板一眼的答案來解。

畢竟每個人面對的問題都不同，需要的協助也不同，因此，一樣的塔羅牌，會因為不同的占卜師與發問的人而有不同的解牌思路跟答案。

對著文字袒露自我，若是不太習慣表露自己的人可能會有點不太習慣，自由書寫更像是釋放自己的思路、梳理思考，讓自己可以暢快地釋放累積在心裡的點點滴滴。

所以如果不知道該怎麼下筆，當成寫信給自己或寫給信任的朋友或長輩也行，也可以試著用文字跟自己聊天。

因為可以隨興而為，所以長短不拘，類型內容也不拘，只要透過文字，好好地把自己的念頭記錄下來就可以了。

重要的是記錄，而不是雕琢或鑽牛角尖。

自由書寫本身就是一種自由的作法，所以不需要規則，也不需要背負框架。

據說人一天腦中會有幾千至幾萬的念頭產生，大多數人難以抓住所有念頭，大多今天糾結的事情跟昨天的差不多，順著現在想到的事情往下寫，寫著寫著解套的方式就會浮現，也有可能在抒發的過程中，讓自己的情緒可以自然宣洩，不再壓抑在身上，讓自己難受。

當然也可能，你會從中發現許多可用的素材與靈感。

然後，你會發現，僅僅是透過寫作，就能得到身心的自由。

#讚美日記：肯定當天自己做到的事情，試著讚美自己

時常有人告訴我，他很沒自信，也很自卑，常常在跟人相處的時候，覺得自己做得不夠好，為自己過去及當下的表現懊惱；獨處的時候也會因為自己的負面思考跟情緒化沮喪憂鬱，搞得自己很不愉快。

他們很容易糾結有沒有人喜歡他們？會不會有人覺得他們不好？而陷入「冒牌者症候群」。既擔心他人看破自己的偽裝，又害怕自己真的沒那麼好，心思被別人不確定喜怒或意見的表情及態度支配，自己則時不時就陷入情緒低潮。

因為連自己都不喜歡自己的負面情緒，就更覺得別人會因此在意或討厭他們，這樣的人，即便是看了《被討厭的勇氣》，仍然無法跳出情緒的泥淖，時常糾結不安。他們會刻意要求自己必須正面，但這種壓抑自我的正面往往也會帶來很大的壓力，讓他們更不自在。

因為在乎他人，也在乎別人對我們的評價，時常壓抑或試圖控制自己的情緒跟想法，強迫自己不能負面，如果當天平平順順沒出什麼岔子就算了，要是出了一些不順

的事情，有些人就會因此格外自責，腦海中盤旋著各種負面批判。

面對這種狀況，有人會壓抑自己、壓抑情緒；有人則會歸因在自己「不夠好」上頭。因此更怕惹怒別人，無論做什麼事情總是會對他人的看法既期待又怕受傷害。

其實大多數人都沒有自己想的那麼糟，每個人都同時具備優點跟缺點，還有一些難以分類或判定好壞的部分。他人的態度更是可能依隨對方當時的情緒和感受走，除非是鬧翻了老死不相往來，否則即便是不滿的態度，往往也只是暫時的。曾有個朋友，老是覺得自己很倒楣，一直遇到不順的事情跟糟糕的客戶，他的工作是櫃檯，每天都要接觸很多人，但他總是只記得那些尷尬跟失誤的部分，剛開始大家給他的建議是把自己當天印象深刻的事情記錄下來，結果他越記錄越沮喪。

後來我們建議他把每天遇到的好事或小幸運都記錄下來，為了公平起見，讓他把正面跟負面的事情全都記錄下來，僅僅只是過了一兩個星期，他整個人的精氣神都不同了。

原來在這一段過程中，由於所有狀況都誠實寫在紙上的關係，好事跟壞事的記錄擺在一起，一眼望去一目瞭然，他得以用綜觀的方式，看見自己的每一天是怎麼度過的，他才發現自己原來不知不覺地「選擇性記憶」那些不好的事情，完全忽略自己也常常遇到好事。

《讚美日記》是日本作家手塚千砂子累積了多年助人的經驗研發出來的一種日記方式，寫法很簡單，不去挑剔或思考太遙遠的事情，就從今天，現在，去肯定自己現在已經做到的事情。

不管你今天做到的事情有多小，每一個達成的項目，都是自己實際付出努力，並且完成的，透過這樣的方式，可以讓自己聚焦今天，掌握自己能掌握的事情，就不再會因為注意力發散而老覺得自己一事無成。

就像這樣，不管我們有多遠大的目標，或是只追求日常小確幸，僅僅只需要從日常肯定自己今天做到的一件小小的事情，就能為人帶來踏實的感受。人的安全感，其實是從願意自我肯定開始建立。

讚美日記並不需要很浮誇，也不需要是完成很大的目標，實際上，把大目標拆成許多小目標，逐一達成，才是完成一件大事的方法。越想否定自己的時候，越要肯定自己，而肯定自己最好的效果就是讚美自己。

即便只肯定自己打開一本書，或肯定自己今天坐下來寫了一張鼓勵朋友的明信片也可以。肯定自己做到的事情，讚美願意努力的自己，你渴望從別人口中聽到的肯定與讚美，你得先願意給予自己。

持續寫讚美日記，持續肯定自我，就會帶來自我肯定的效果，也會比較有安全感，若是平常總是有點焦慮或沮喪的人不妨可以試試看，會有意外的好效果。

。今天學會荷包蛋翻面，煎出好吃的半熟蛋，我眞棒！
。雖然沒辦法完全擺脫沮喪的情緒，但今天很快就意識到自己在壓抑自己，我選擇不要被情緒帶著走，雖然很不容易但我做到了，太好了！
。看了一本超級好看的書，感覺超棒，推薦給其他朋友，大家也說好看，分享眞是一件開心的事。
。陪媽媽去醫院看診，雖然有點害怕，但我爲了媽媽的症狀做的筆記被醫生稱讚了，有派上用場眞是太好了！

#辦到了日記：肯定過去的努力，挖掘過去的美好，從中發掘自己的寫作題材

除了「讚美日記」之外，同樣出自日本作家的「辦到了日記」則特別推薦給常常沮喪覺得自己不夠自律，或是誤以為自己一事無成的人。

現在有很多人都習慣用手帳來記錄生活，也會用來管理自己，但當你又要兼顧家庭跟工作，還要自我進修，也要運動健身、吸收新知、跟朋友聯繫感情、跟親朋好友或同事聚餐聚會等等，就算手帳上的時間規劃得再好，也還是可能有各種突發狀況讓你分身乏術。

有些人誤以為自己應該要把時間塞得滿滿當當的，如此一來才能確保自己的生活是充實且完美的，但人一整天的精神跟體力就那麼多，工作累了想休息也很正常，雖然要求自己要好好的健身跟運動，偶而也會有體力不濟的時候。

即便是出門散散步，也可能遇到雨天或不方便外出的日子，日程規劃應該是讓自己可以方便管理時間，卻有些人拿來為難自己，責備自己為什麼沒有按照計畫好好做

完每一件事，為自己增加更多壓力跟挫折感。

類似這樣老是覺得自己沒有做到很多事的人，我會建議你搭配「辦到了日記」，在寫辦到了日記的時候，不要去問自己清單裡面還有幾百項沒達成？也請記得不要動不動就責備自己、挑剔自己。

因為從容的人生應該是要有「餘裕」的，就像美麗的畫作也需要留白一樣，想要人生充實且美好，彈性跟留白都很重要，你的生活應該要保留適度的空間，才能有生活品質。

想要成長或進步，埋頭苦幹悶頭一直逼迫自己，並不會得到幸福，也很難有成就感，但是好好去檢視自己花了心思跟時間做的事，為自己加油打氣或是保留一點肯定自己的機會，是非常重要的。

也就是說，你應該要創造可以自己肯定自己的機會及空間。

他人給予我們的讚美與肯定，看起來特別有效，並不僅僅只是因為對方肯定了我們而已，而是在聽到那些話語的過程中，自己也賦予了信任及肯定的魔法，他人的肯定才會真正成為我們能夠掌握也能感受得到的肯定。

也就是說，如果別人稱讚你的時候，你總是覺得對方是客套話，不能盡信，就會時常陷入無法被肯定，也得不到肯定的焦慮中，這是因為在得到肯定的時候，自己給予的是「否定」而非「肯定」的關係。

如果你常常覺得自卑沮喪，偶而會失去信心不確定自己能不能做到某些事情時，請盡可能去條列式地肯定自己做過的事情。

你的選擇造就了你的人生，能夠成為今日的你，是因為過去你努力了、做出了一些選擇，也執行了關鍵的事情，你現在的人生才會擁有這些人事物。

同樣地，你擁有的人事物，你擁有的情感與興趣或能力，也都是非常值得書寫記錄的事情。

這種時候，請試著以曾經辦到了的事情去回顧過去你的經歷與感動，就會發現你其實已經為自己的人生留下很多美好的記憶了。所以辦到了日記，除了是肯定今日的你之外，也能讓你從另一個角度發現自己未曾發現的自己。

最基礎的辦到了日記，只要每天寫下一到三件當天有完成的事情就好，只要從最簡單順手方便的小事情寫起，就會發揮意想不到的好效果。

◦把書桌整理乾淨，眞舒爽！感覺自己充滿動力！我辦到了！

◦比平時提早十分鐘完成工作，下班的時候心情好輕鬆。

◦斷捨離的時候，順利說服媽媽把壞掉的鍋子丟掉了，超有成就感。

◦我想成爲一個能寫文章溫暖他人的人，今天從分享好句子開始。

◦整理舊照片的時候，看到以前跟登山社的學長姐征服嘉明湖的照片，事隔多年還是好感動，當時能順利抵達眞是不可思議，眞是美好的回憶啊！

◦今天練習肯定他人，手寫了好幾張卡片打算送給朋友，希望他們也能感受到滿滿的正能量。

第二節

筆記

#保存靈感的技巧

人每一天都會接觸到各式各樣的資訊，有的來自現實生活中彼此三言兩語的對話，有時是餐館或咖啡館隔壁桌的人的談話內容，也有些訊息或有趣的事情來自親友的ＬＩＮＥ群與社群平臺上熱議的內容。

正因為現在的人一天的資訊處理量可能是古人一年的分量，容易分心、難以長時間專注就成了大多數人的問題。

前面提到的幾種日記和自由書寫，都是當你有空的時候就能動筆寫，但如果當天真的太忙太累，或是無暇書寫時，這邊要分享兩個可以保存靈感的方式。

這兩個方法不僅可以讓你快速整合當下想到的點子，還能讓你從中歸納並找出自己想要的生活重心與目標，方法很簡單也很常見，分別是子彈筆記與九宮格。

無論是下面這兩樣工具，或是上一節提到的幾種日記技巧，這些全都可以任意搭配使用，當你有空的時候，可以盡情擴展自己想寫的題材，而當你忙碌的時候，只要把重點或觸發自己想法的關鍵字記錄下來，等到日後想寫作卻不知該寫啥的時候，就有素材可以用了。

人每天接觸到的人事物，還有透過閱讀或是觀賞電影，甚至是滑手機，幫有趣的影片按幾個讚或喜歡，都會接觸到許多有趣的東西，有的是很迷人的畫面，有的是特別棒的故事，沒有寫作習慣的人常讓這些驚豔的小東西流逝，但開始寫作的你，卻能將它們捕捉下來，成為創作的元素。

收藏這些靈感或點子，不需要繁複的過程，只要簡明扼要地記錄就可以了。

#子彈筆記：濃縮重點，把自己當天重視的事情寫下來

子彈筆記的創立者瑞德．卡洛（Ryder Carroll）幼年患有「注意力缺失症」，跟一般人相比，注意力缺失症的人更容易被聲音、訊息干擾，他們並非不願意專注，而是生活中所有的訊息都像一則又一則的訊息通知，每一個聲音與震動都會驚擾他們，中斷原本的事情，這樣的狀況也就等於如果他們想要專注做事，必須花費比一般人更多的力氣。

罹患這樣的疾病，有些人可能會放棄自己，但是瑞德．卡洛並不，他試著克服注意力缺失症對他的影響，先是將所有的想法跟任務統統記在筆記本上，後來逐漸提煉為更實用的子彈筆記。

因此子彈筆記不僅可以用在待辦事項，也可以用在長短期計畫，更是一種提煉自己歸結能力與保存資訊的方式。

人在握筆書寫的時候，因為牽動的肌肉不同，能刺激到的腦區也不同，通常手寫會讓人更有靈感也更能靜下心來，寫長篇是這樣，寫簡明扼要的子彈筆記也是這樣，

因為手寫的不設限感，讓人很容易寫著寫著就開始塗塗畫畫起來，文字腦與圖像腦可以自然而然地在空白的紙上流暢地切換。

也因此，如果你在網路上搜尋，很容易發現，許多子彈筆記的作法都跟手繪圖案有關，甚至常常以簡約或可愛的圖案為主，文字到底該怎麼寫反而很少提及，這很容易讓人忽略子彈筆記的本質在於精煉，這個精煉來自於提煉你的所見所知，也包含提煉你的感想與行動。

雖然原作者希望大家都用手寫的，但當你不方便的時候，使用手機備忘錄或是隨手傳個訊息給自己，也是一種方法，並不需要拘泥用法。

重點是把你想說的事情記錄下來，每一份記錄都像一個記憶的索引號，也像一把鑰匙，能打開我們隱藏在日常底下的記憶與故事。

想快速上手子彈筆記，你可以：

#用下標題的方式寫。

#描述行動，打造行動。

#摘要，重點。

#規劃時間跟行程。

#掌握自己的時間都花在哪裡。

例如：

□寫下關於子彈筆記的三個想法

！設計你的每一天

●減醣計畫DAY 1：

-體重XX公斤，目標XX公斤

-自己帶便當

■報名日文課

■深蹲做兩組

■我決定簡單的生活，讀書心得

-寫滿五百字

●4月3日下午三點，牙醫

▲企劃會議，發確認信給PM

符號意義

□待辦事項
■已完成事項
>轉移
●事件
-備註
▲重要事項
！生活靈感

上面的範例即便順序打亂，還是看得出有一部分屬於行動，一部分是自我喊話或是自己為自己設定的功課等等，因為容易分辨，所以寫的時候可以隨意穿插，並不會因此遺漏重點。

事後要歸納自己都忙了些什麼？自我打氣了幾次？哪些文章還沒有寫等等，都可以很快地篩選出來，是用途廣泛、非常簡單便捷的作法。

按照重要程度不同，寫下來的這些標題和重點，你可以使用不同的符號例如圓形或三角符號加上註記，也可以用自己獨創的符號標記，這樣事後一看就知道輕重緩急，也可以用來提醒自己哪些事要趕快處理，或是哪件事情不能再拖了，得趕快安排進行程表好好做完。

如果你平時就能輕鬆地動筆寫下自己的日記，子彈筆記可以用來規劃自己的待辦事項；如果你遲遲無法靜下心寫長篇大論的日記，則可以從子彈筆記開始，因為只需要寫上幾行，把重要的事情記錄下來就好，這樣便能減低無法寫作的壓力。

若是想要彙總自己過去的記錄，藉此了解自己都在忙些什麼？也可以把子彈筆記的內容收集在一起，為自己過去一段時間以來寫下的內容分類，就能知道自己究竟都在忙些什麼了。

像是：

有哪些事情自己一直在做，自己卻沒有意識到？

有哪些事情始終在待辦清單，暫時不會去做？

藉由書寫子彈筆記以及事後整理筆記，就能讓自己掌握自己的現況，並為自己下一步的計畫調整重心，例如有些大概暫時不會做的事情就可以先排除，而容易得到成果，自己也會比較有目標有重心的，則可以列入下一個階段的重點。

就這樣很簡單地一行一行，一步一步地邁向自己追求的目標，就能成就更好更棒的自己。

#九宮格日記：捕捉關鍵字與目標達成表

九宮格是一個被廣泛使用在各行各業的筆記術，只要在紙上畫一個井字，外面再加上一個外框，就可以很快地畫出一個九宮格。當你想要達成某些目標，或者想要發散一下，把自己需要做到的大中小目標抓出來的時候，九宮格的格子是一個最簡便也最容易的作法。

這樣的筆記可以用來規劃工作及生活，也可以拿來做關鍵字練習，例如閱讀時把對自己有用的關鍵字跟資訊填進去，作為重點摘要，或是創作時用來企劃發想，效果都很好。

基本用法是最中間寫上自己的「目標」或是當天的日期跟天氣，其他八格則分別填入自己需要的小目標跟細節，沒有一定的順序，只要自己方便使用就好，當然你也可以保留空白的九宮格，隨興地填入自己印象深刻的事情，就像把寫作靈感的鑰匙放在格子裡，隨時可以提取出來寫成文章。

九宮格的好處：

1. 可以用在生活或工作上。
2. 可以用在企畫上。
3. 可以讓自己過得更好。
4. 可以用來歸納自己的所見所聞。

下面列出幾種使用的範例：

一、設定主題

九宮格最基礎的用法，是設定一個目標或者想解決的問題，並規劃解決以及達成的方式。

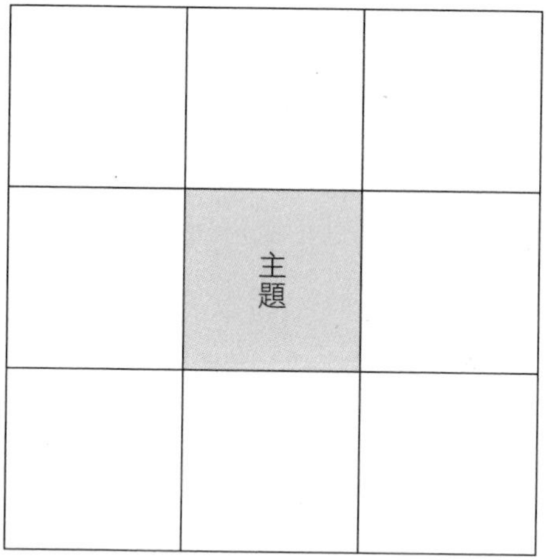

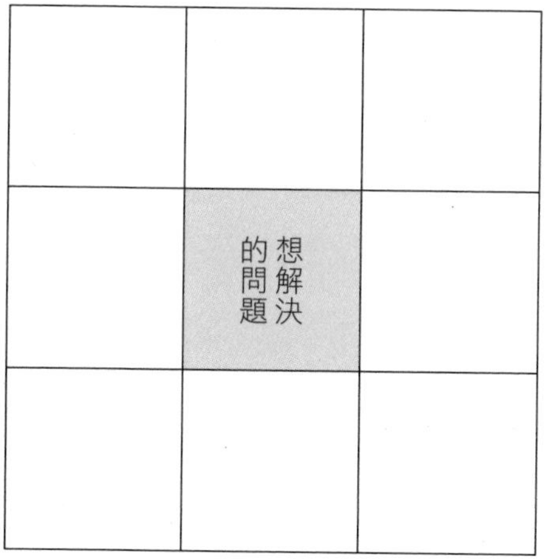

・範例：如何省水、想解決鼻子過敏的問題

洗衣服時改用省水的設定。	洗菜的水留下來澆花洗東西。	洗澡改成淋浴。
使用有省水標章的電器。	如何省水	隨手關緊水龍頭。
將雨水儲存再利用。	檢查家中有沒有漏水。	將除溼機中的廢水再利用。

遠離過敏原。	乖乖看醫生。	開除溼機。
補充營養品。	鼻子過敏	每天用吸塵器吸地板。
進出冷氣房時注意保護鼻子。	勤換洗身邊的布製品，例如棉被跟枕頭。	出門必戴口罩。

・範例：生活品質、學寫作

知識	心靈	飲食
音樂	生活品質	睡眠
自我成長	外在環境	運動

散文	小說	日記
練習	學寫作	閱讀
情緒表	詞彙	名言佳句

二、日記

此外，九宮格也可以用在日記上，例如：

上次好像說錯話了，不知道該怎麼跟好友道歉。	檢查○○認證考試的報名時間跟資料。	好像有點過敏，明天下班記得順路去耳鼻喉科。
張姐說，我應該可以換更好的工作，年薪百萬不是問題，被她肯定好開心（轉職計畫中）。	日期：2021/1/3 天氣：雨 完全不想出門的一天，只想睡覺睡到飽。	圖書館還書。
一直很容易被人影響，真希望可以成為像○○那樣理智又冷靜的人。	寫○○展覽的心得。	跟好姊妹約下次聚餐的時間。

三、生活統整

九宮格可以用在事前規劃，也可以拿來統整自己的日記跟子彈筆記，透過類型比例來掌握自己主要在意的事情，或是不知不覺一直在做的事情。

・範例：最常煩惱的事情、自己最常寫到的內容

葉黃素老是吃到過期。	不小心就超支。	不夠自律。
好友婚宴，找不到適合的衣服。	自己最常煩惱的事	懶得運動又變胖了。
……。	媽媽又要丟掉書，我才不要。	容易分心。

想去上身心靈的課。	喜歡的遊戲抽卡成績。	覺得自己沒自信。
好姊妹們陸陸續續都結婚了。	最常寫到的內容	好像沒有人生目標。
快要三十歲了，有點焦慮。	手抄好句子。	不確定要不要離職。

・範例：自我目標與理解自己

想去上人類圖的課程。	想保持運動，每天晨跑（或是一週去一次健身房？）。	寫讀後心得：被討厭的勇氣 怦然心動的人生 整理魔法
想要好好記帳，不要再搞不懂自己的錢都花在哪裡。	現在的目標：想擺脫情緒化、容易被影響的人生。	了解自己的情緒（睡前&起床）。老實說要自己每天做記錄，有點難。
……	在IG看到好棒的一句話，超戳的，什麼時候我才能變成有自信的人呢？	想去預約靈魂藍圖的服務，希望可以知道自己的人生有沒有什麼任務。

・範例：子彈筆記＆日記的內容分類

#願望清單：下個月想去市集。打算存錢買〇〇。	#達成的小目標	#工作類：不想上班，好想耍廢。在考慮要不要去上證照班。
#生活計畫：想自己做便當，該買氣炸鍋嗎？	常出現在我的日記或子彈筆記中的內容	#情緒不好：莫名低潮3次。被爸媽念了2次。被主管針對了1次。想起不愉快的事情2次。
預留一格，之後補充	#被肯定：被同事肯定了。喜歡的作家回信了。	#讀完10本書（實際看完3本）手抄好句子，每週一篇。

基礎的九宮格有許多的變化及可能，篇幅有限範例只能放幾個，但其實只要掌握最中間這一個是目標或主題，就能依循自己的需求做出更多實用的九宮格，無論是用在規劃還是用在檢討或發想等等，都可以派上很大的用場。

此外，九宮格也可以環環相套，變成更大的九宮格。

日本設計師金泉浩晃設計了一個由九九八十一格組成的曼陀羅九宮格（Mandal Art）。在這個九宮格中，最中間那一格是終極目標，四周的九宮格則分別填入想要加強或做到的小目標，每個小目標外圈再寫上完成這些小目標必須做的事情。

這樣的九宮格就像是一張大地圖，一張圖就能看清所有目標，了解自己正在計畫的哪一個階段，不僅可以為你釐清思緒，也能為你指引方向，不至於中途迷路或分心到其他地方去，除了可以拿來做生涯規劃之外，也可以拿來規劃自己的興趣跟生活。

曼陀羅九宮格因為範圍跟數量都比較多的關係，當你開始創造自己的曼陀羅九宮格時，不見得要一口氣全部都填完，也可以事後再補填或是修正。九宮格的內容則可以隨時配合自己的需求調整，不管是想要很實際地一一完成目標，或是對自己精神喊話，都可以透過九宮格來呈現，讓自己掌握自己想要的人生樣貌。

日本球星大谷翔平便是用曼陀羅九宮格的方法來規劃自己的目標達成表，從鍛鍊體格、控球、球速、變化球還有心理調適等，他把大目標拆解成許多小目標，一一列在上面，這讓他能夠綜觀自己的行程跟計劃，並且逐一實踐。

倘若人生是迷宮，曼羅陀九宮格就像你為自己設計的人生地圖，蔡巨鵬先生曾說過一段話，他說：「人生夢想清單每一個人都不一樣，但作法有三個：想出來、寫出來、做出來」。

九宮格日記也是這樣，透過聯想，把重點記錄下來，若是能夠列出具體的項目，就會讓自己更容易掌握方向及進度，但若你填不滿九格也沒關係，只要填進格子的東西都是對你有用或是你想做的事情就好。

・曼陀羅九宮格（Mandal Art）空白版

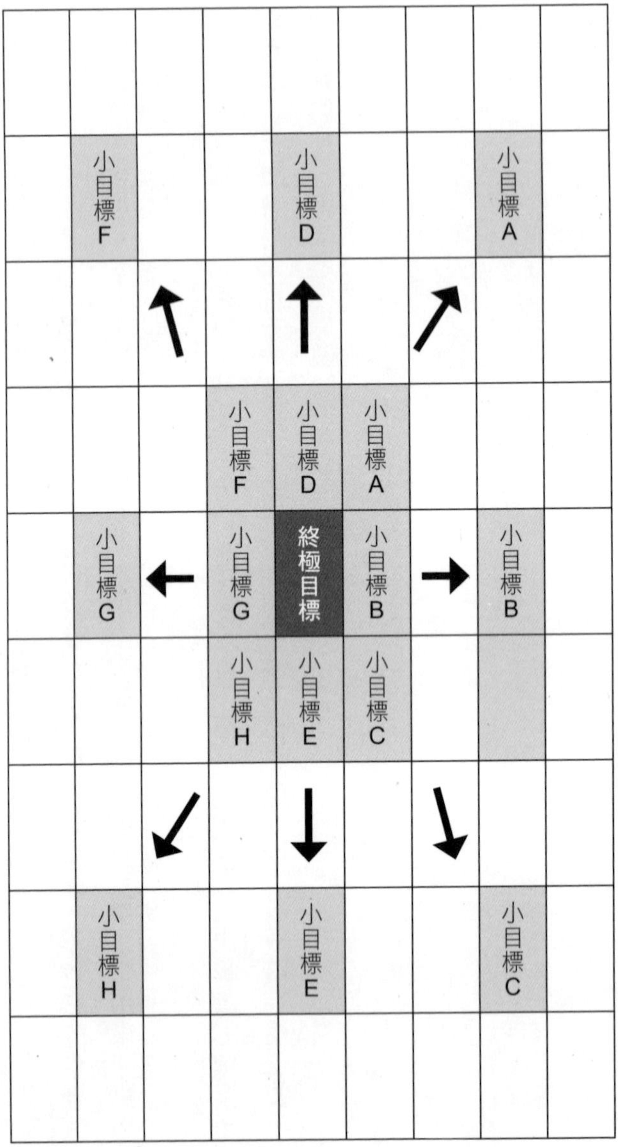

・範例：我想要的生活

練習規劃自己的財務狀況	追蹤理財達人	存錢（本金）	報名相關研究所	參加同業聚會	進修專業課程	影片欣賞	參加講座	閱讀書籍雜誌
存緊急預備金（6個月）	理財	閱讀理財書籍	兼職	工作	證照考試	學鋼琴	內涵	學插花
學會一個新的理財標的	研究保險內容	報名理財課程	學第二專長	學會讀空氣	表達能力訓練	練習談吐	學習言之有物	學書法
上心靈成長課程	寫日記	了解自己的情緒	理財	工作	內涵	買適合自己的衣服	學習化妝	上美姿美儀課程
跟好朋友深入對談	自我認同	閱讀書籍	自我認同	我想要的生活	外表	換個新造型	外表	站有站相坐有坐相
研究星座	研究人類圖	不要批評自己	旅遊	寵物（貓）	健康	微美容	每天擦保養品	多微笑
去阿姆斯特丹long stay	去上海看租界	去神戶玩	幫貓減肥	換全溼食	寵物定期身體檢查	一個禮拜運動3次	減少吃垃圾食物的頻率	早睡早起
去西班牙看高第建築	旅遊	去加州度假	每天跟貓玩	寵物（貓）	學習寵物按摩	每天吃水果	健康	多喝水
去法國羅浮宮／凡爾賽宮	去希臘看愛琴海	去布達佩斯旅行	學會自己幫貓洗澡	買營養品給貓吃	閱讀相關書籍	打掃整理環境	學會紓壓	看中醫調養

・範例：日本職棒選手大谷翔平的九宮格（參考《一張九宮格 養出日本最強球員》／商周雜誌）

加強危機應變能力	乾脆、不猶豫、設定明確目標	體力	柔軟性	身體保養
心理	不要忽喜忽憂	擴展身體可動範圍	體格	喝營養品
不隨氣氛起舞	頭腦冷靜內心炙熱	吃飯早上三碗晚上七碗	FSQ深蹲舉130公斤	FSQ前蹲舉90公斤
心理	體格	強化下半身	穩定放球點	改善踏步
獲得八大球團第一指名	控球	身體不要開掉	控球	強化軀幹
球速每小時160公里	球質	控制自己心理狀態	消除不安感	保持軸心不晃動
強化軀幹	順著軸心旋轉	放球點往前	放鬆不過度用力	製造角度
球速每小時160公里	強化下半身	提高球的轉速	球質	球從上往下壓
強化肩膀力道	增加體重	身體可動範圍	用下半身主導（投球）	強化手腕

禮貌	體貼	感性	心情不要起伏不定
受人信賴	人氣	為人所愛	對勝利執著
持之以恆	感謝	計畫性	體諒夥伴
正面思考	珍惜球具	打招呼	人氣
成為受大家支持的人	運氣	撿垃圾	運氣
讀書	對裁判的態度	打掃房間	變化球
用投直球的方式投球	緩慢且有落差的曲球	增加拿到好球數的球種	擴展身體可動範圍
讓球從好球區跑到壞球區的控球力	變化球	完成指叉球	練習長傳球
想像球的行進深度	針對左打者的決勝球	滑球的球質	增加投球數

第三節

活用日記與筆記整理想法與情緒

原生家庭的傷口、破碎的婚姻、崩壞的關係；
找不到歸屬感、沒有可以信任的人；
越是想要掩蓋，內心的黑洞就越無法填滿；
透過：**打開／檢視／篩選／採集** 的過程自我療癒吧。

Step1 打開：檢查你的日記，用九宮格歸類

過去一段時間裡，你寫了什麼文章？日記都寫了哪些內容呢？

寫日記的時候，請對自己誠實，不需要批評這些內容是好是壞，這些你談過、煩過或是仔細思考過的東西，無論是你的意見或你的情緒，都不需要得到其他人的認可或同意。

存在即合理，尤其這些都是自己的情緒跟當時的想法，只有自己才懂為什麼會糾結在意，自然也只有自己能夠紓解。

這個時候請盡量不要挑剔自己，試著接受自己有「情緒反應」都是正常的，都是情有可原。

很多人會在這個階段忍不住想要粉飾太平或維持自己的形象，硬是把自己在意的事情壓下去，也把自己的情緒跟真實感受壓下去，或是以為自己一定要很理智、很清醒、很客觀，在這個階段抱持這種心態其實是壓抑自己喔！

你是否也曾不自覺地壓抑自己呢？

理智跟情緒並不是敵對關係，理智也不代表完全否定情緒。理智其實也代表我們願意去面對、去接受自己的各種情緒和想法。

壓抑本身是無法解決問題的，雖然能夠延遲面對的時間，但一次付清跟分期付款的感覺其實不太一樣，可以稍微想像一下一大堆大筆的帳單全擠在發薪日前到期的感覺，是不是會覺得特別有壓力呢？

而且壓抑久了，痛苦的也就只有自己而已。我們要擺脫這種狀態，就要從不壓抑開始。

如果你不希望別人壓抑你或否定你，請你自己也正面地肯定並接受自己。

◇

接著把日記內容試著歸類看看，你可以用空白的九宮格來填寫類別（參考第二節提供的九宮格），或是隨手寫在筆記本或計算紙上。

如果你還沒有開始寫日記，但平常會上傳照片到 Instagram 或是寫在 Facebook 或部落格上，可以檢查一下過去一個月自己寫了哪些題目，或是抄寫了哪些句子？都是些什麼類型的句子？

是偏向心靈勵志，還是語錄？

是吐槽、負能量還是特別好笑的句子？

如果你特別喜歡聊天，大小事都會跟好朋友說，文章寫得比較少，日記的數量又僅有幾篇，可以試著打開你跟好友的聊天室或對話紀錄，往前拉半個月到一個月，看看過去這段時間你們都聊了些什麼？

如果在你們的對話中，有很有趣的地方，也可以記下來，作為日記的內容之一。

你可以用九宮格來整理你生活中的各種主題，不管是討論工作、家庭、生活還是朋友，或是被一篇推薦生火，超級心動打算要買的東西等等，又或者這個月你轉貼了很多可愛的貓貓狗狗小動物的影片？

若是這個月工作壓力比較大，跟朋友抱怨一大堆工作上的事情，或是慘遭催婚或被設計了一場相親，不僅過程措手不及，事後發現對方是句點王，有點崩潰，都可以寫下來。

只要把印象最深刻或你最喜歡的挑出來，填進九宮格裡。在這個階段你只需要把文字跟內容分類就好。

如果你關注的主題類型豐富，可以多用幾個九宮格來寫。之後請每隔一段時間就檢查看看自己的日記跟文字，每個月檢查一次，或是每半年、每一年做個回顧等等，都可以，頻率跟次數都以個人方便為準。

這些拿來記錄的紙條可以拍照留存或是直接留下來，可以成為靈感本子跟草稿的一部分，這樣的題目之後也可以做為寫作素材，供你完成一篇篇文章，也可以成為探索自己的線索。

Step2 檢視：平靜地檢視這些情緒，並且回應它

人在觀看電影跟小說，著迷的時候會完全忘記現實中其他的一切，如果我們的生活像電影一樣，隨著時間過去，劇情不停地走，要怎樣抽離出來，讓自己可以靜下來好好思索呢？

其實，寫作是最好的方法。

寫日記，就像看電影看到一半按下暫停鍵一樣，就像你得去拿一下外送員送來的食物，有可能是你得先接一通電話，突然間你會從電影劇情中掉出來，回到現實。

當你每天或每隔幾天就抽出一個時間來寫日記，就像為自己爭取到暫停現實人生的時間一樣，在這可能十分鐘到一小時的時間裡，你可以離開現實這個影廳，伸展一下身體，放鬆一下，日記會忠實地保留你當時的想法跟感覺。

而當你累積許多的文字記事後，當你回過頭來檢視這些文字時，你會發現，有些事情還是記憶猶新，宛若昨天才剛發生過，有些事情卻很陌生也很遙遠，這些都很正常，每個人都一樣。

記憶跟情緒會隨著時間拉長而逐漸淡化、遺失細節，記憶本身沒有好壞，差別只在每個人的死穴跟在乎的點不一樣，最後記憶深刻的事情就不同。

上一個階段我們把分屬不同類型的情緒跟事件記錄下來，這一個階段我們要做的事情是從中找出自己有興趣或是容易煩惱的項目。

例如每隔一段時間就會煩惱一遍的事情，或是常常糾結的事情等等，透過日記你可以很快掌握到自己的性格傾向跟生活重心。

在這個階段，你可以把九宮格抓出來的那些主題分別發揮。

對於傷心難過的事情，為了安慰當時的自己，可以以此為題目來寫一些文章或寫一篇新手帳。

至於怨氣跟怒氣之類的事情，請試著想想自己為什麼現在還會生氣？是不是問題並沒有得到解決？或者你其實還是覺得有點委屈呢？

所有事情發生的當下跟當天，都會引發情緒，但過了一小段時間後，一個星期後、一個月後，現在的你還是超級生氣或煩惱嗎？

大多數成人，隨著年紀增長，表情其實是越來越少的，當我們憤怒或是不太高興的時候，其實很少做出太明顯的表情來，別人乍看之下，可能只看到你皺眉或是臉臭臭的，其實要排遣這種壓在內心翻騰不已的憤怒，必須要張牙舞爪地把自己最猙獰生氣的表情展現出來。

姿勢會影響到生理的感覺，也會影響到心理，一直壓抑自己的人，肌肉通常也會很僵硬，壓抑情緒就好像強制身體不能動，卻得承受各種重量一樣，身體還是會下意識用力，肌肉也會下意識緊繃起來。

你可以試著真正的生氣，把氣發出來，只要認真地發過脾氣，肌肉僵硬也會隨之舒緩，這點特別神奇。當然，比較建議不要去踢、踹或是摔東西，憤怒時人會不自覺用力，這樣可能會拉傷肌肉，事後反而會全身痠痛。

你可以一個人躲在房間或浴室廁所做表情，不用對著別人，動作跟表情越誇張，牽動的肌肉越多，不知道為什麼生氣到一半就會笑出來，鬱悶的感覺也會散去，我親自實驗過很多次，每次都很有效。

如果你現在已經恢復理智，沒那麼生氣了，可以試著平心靜氣地分析一番，去理解當時的憤怒跟不滿，或是為自己講句公道話也可以；如果這件事情對你來說已經過去了，也不用再特別分析，在下一個階段的篩選中，可以在紙上把這件事情打個紅叉叉，爽快地劃掉吧！

＃Step3 篩選：情緒跟想法也需要斷捨離

這個階段我們要做的是「取捨」。

山下英子在「斷捨離」的電視節目中曾經提過：「我們這個世代，會想著『東西會用到』、覺得『總有一天用得到』、或許『某個地方用得到』、『哪個人也許會用到』，何時、何地、什麼人可能會用到，腦海裡會無限地去拓展使用它的可能性，然後能用的東西就永遠都捨棄不掉。」

不僅僅是好的東西難以捨棄，讓自己痛苦難受的事情或價值觀，以及別人的批評，也不是那麼容易捨棄的。

有些人天生對負面的事情比較敏感，害怕自己被討厭或是「不夠好」，反而會下意識緊抱著讓自己痛苦的人事物不放。

當你習慣這樣自殘，別人的肯定與稱讚自然而然會被你忽視，因為你所有目光都集中在自己被挑剔的那個部分了，最後你會越來越覺得自己很糟糕，也漸漸地不相信自己有改變人生或命運的可能。

這種感覺就像是有人挖個坑想把你埋進去，你不僅自己揮動鋤頭把坑挖得更深，還自己填土，把自己埋起一樣。

如果你把自己活埋在一個超級深的坑洞裡，沒有任何繩索或梯子可以讓你回到地面，那最後也只能坑死自己，對別人來說不痛不癢，可能一點感覺都沒有，更別說是內疚了，畢竟也是你自己幫著挖坑的啊！

這時候我們可以藉由篩選的動作，將情緒跟想法斷捨離。

在篩選的過程中，看到有點在意，並且有點不舒服的東西，請刪除或遠遠送走，不需要因為好像還用得到，就放在眼前讓自己不自覺被影響。

在這個過程中，可能有些項目會被你刪除，有些你會留下來，另外還有一些不確定應該怎麼歸類的部分。這些難以歸類的，可以暫時放在留校察看區，另外找個信封或小盒子裝著，等過了一個月之後再來檢查。

第一次篩選並取捨自己在乎的事情會比較辛苦一些，在這個階段你只要記得「把會啟發你或為你帶來好感覺的事物留下」，幾次之後，在檢查篩選跟取捨上面就會越來越輕鬆，壓力也會漸漸散去。

Step4 採集：謄抄到本子上面，留下靈感與好能量

請將你從整理日記跟文章或聊天內容時，經過層層篩選取捨後決定要留下來的部分，另外拿個筆記本特別記錄下來。

這邊建議你使用現實中可翻頁的筆記本來記錄，這是因為電腦格式的限制，文件很難隨意翻閱，用滑鼠拉進度條的時候，可能會錯失一些靈感或資訊，但是翻頁就不同了，人的潛意識是最厲害的掃描器。

當你給大腦一個關鍵字，潛意識會記住，從此之後它就會代替你注意那些東西，還會在你的記憶跟現實接觸到的事物中，準確地鎖定那些訊息。

現在電子書越來越普遍，我自己也有不少書是選擇購買電子書，頁數多，重量比較重的書我喜歡用電子書看，因為重量是固定的，而且用滑的翻頁很輕鬆，但資料類的書，或是一看就很有靈感的書，我還是會堅持買紙本。

這是因為寫作或者備課的時候，除了會需要收集資料，潛意識也會同時找尋可以產生火花的素材。簡單來說，在翻閱一本書或是一本自己做的資料集時，很容易會出

現靈感。

這是因為人的思緒是跳躍性的，有時會從A跳到丙，也可能從歷史跳到理化，也有可能亂跳一通，一下子跳回憶，一下子跳某本書上曾看過的內容，或是某部電影的角色或情節。

當你的知識儲備量越高，能碰撞出來的火花就越多。當你開始寫作，書寫自己的人生、心情或心靈，動筆之後，這個過程並不會有結束的一天。

我其實是為了搞定自己內心翻騰的焦慮跟糾結，才開始把寫作延伸到心靈，我想知道為什麼我會這樣，也想知道別人為什麼會那樣？

在這個世界上，文字是很重要的存在，除了傳遞文化之外，也包含了傳遞價值，幾乎所有工作都會用到文字，只是使用的技巧跟方向不同而已，你可以透過文字理解自己、梳理心情，可以透過寫作創作一個新的世界，也可以透過寫作去成就自己。

打造只屬於自己的靈感本子，不僅對日後回顧有用，對於尋找前進的方向，或者創作上都很有幫助。

PART 3　不要害怕

用寫作認識自己（實作篇）

你如何看待自己的生活，如何選擇想去的地方，

這決定了你的生活品質，也決定了你的人生。

第一節——從探索自己開始

#重新認識自己，自我介紹也需要常常更新

你有多久沒跟別人介紹過自己了呢？
現在的你，跟大學時的你，想法跟穿著還是一樣嗎？
還是已經有了不少改變了呢？
回顧過去這一年，你有什麼樣的變化？
做了什麼樣的嘗試？
你換過工作了嗎？

你愛吃的店，還是原本那家嗎？

你覺得自己的特色是什麼呢？

你希望別人對你的第一印象是什麼呢？

每當新一期的寫作課開始，第一堂課時，我總會要求所有學生來一段自我介紹。通常聽到來上寫作課還需要自我介紹，大家總會面面相覷，似乎出了社會之後從沒想過要介紹自己，更別說是在一個陌生的課堂上了。

都已經變成大人了？還要自我介紹嗎？

剛開始大家總會面面相覷，然後才在半被迫的狀況下草草介紹自己，尷尬、不自在與害羞、閃避，似乎是大多數人的共同反應。

其實「自我介紹」是一種讓別人了解我們，而我們也可以「重新定義」自己的一種方式。

自我介紹可以從最簡單最小的東西寫起，不要在乎寫得好不好。

因為自我介紹並不需要被批判，這只是我們認識自己和他人的一個方式。

《自我介紹的技術》一書曾提到：「要讓別人對你印象深刻，就是在自我介紹的時候，不僅僅介紹過去的自己，也把現在自己喜歡或正在努力的目標也放進來，也就是自我介紹中，不只有過去，也有自己期待並為之努力的未來。」

這樣的自我介紹會讓聽的人迅速了解你，也容易對你有比較深的印象，當然這也是讓自己提升活力與動力的一個方式，如果你渴望交到興趣相近的朋友，請一定要試著加入自己的特色跟嗜好。

就像我們談戀愛或認識一群新朋友的時候，閒聊中總會不自覺分享自己人生與日常生活中的點點滴滴：「我也是！」「我也會」「我跟你說，我之前怎樣怎樣……」談戀愛的時候，認識新朋友的時候，進入一個新的單位團體的時候，人與人之間就是靠著點點滴滴的相處與交談，認識新朋友、新環境，也認識新的自己。

你過去累積了什麼？

你現在想要加強哪些部分？

你正在執行哪些計畫？

這些都可以作為自我介紹的內容，既可以讓你更掌握自己的目標跟理想，也能讓你接下來的行動越來越順暢，最簡單的探索自我，就是從更新自己的自我介紹開始。

寫作練習：自我介紹

現在，請你試著爲自己寫一篇新的自我介紹吧！
你可以爲小時候的你，介紹現在已經長大的你。
也可以爲了老後七、八十歲時的你，介紹現在的你。
可以以你現在的工作爲出發，例如對新進的同事自我介紹；
也可以爲將來的伴侶，介紹此刻的自己（你好，我是你未來的太太／先生）；
你更可以爲將來豐盛成功的你，
介紹現在這個正在爲自己的未來與自我提升努力的自己。
不需要像面試時那麼緊張，你可以輕輕鬆鬆、自在地向自己、向他人介紹自己。

#改變看自己的眼光

很多人都知道，應該要換位思考，應該要從不同的角度來看待自己，但這其實是一件很難的事情，因為當你問別人對你的印象或感覺時，你能得到的是一個過於簡約的答案（或是自己也不知道要從何問起的糾結），而當你試圖觀察別人對你的反應跟態度時，又可能會被對方的性格或當下的情緒誤導。

因此，我的寫作課中，有一堂作業是：試著用他人的眼光來看待自己。

同一堂作業裡，還有一篇是讓學生試著用包包裡的一件物品來看自己。

在這個練習中，學生必須要假設自己是包包裡的錢包、水壺、鑰匙或是包包本身，有時候則要扮演自己的母親、姊妹或是親人；這是最簡單也最基礎，馬上就能做到的換位思考。最早有這個點子，是因為我非常喜歡的推理作家宮部美幸的作品《無止境的殺人》。

在這本書中，一樁命案的發生，擔任主要敘述角色的居然不是任何一位涉案人或主角，而是這些穿插在命案周邊的主要次要人物的錢包，從刑警的錢包開始，延伸到配角們的錢包，最後結束在刑警錢包的自白中。

因此，這也成為我最常讓學生寫，學生寫了也特別容易有收穫的一個單元，而最近，又從外子那邊得到了一個特別有趣的寫作提案。

外子身為解憂大叔，平時提供的服務除了單次解憂諮詢之外，也有一個比較特殊的「夢想陪跑計畫」，他就像這些學生的人生教練一樣，會依據不同學生的需求給予不同的練習或鼓勵，其中有一個一百題練習的題目我覺得非常有趣，徵求他同意後一併放到這裡來，若你常常覺得自己挫敗感很重，缺乏成就感，不妨試試看這個練習。

這個練習叫：「我超會」。

無論你想到什麼，不管你是覺得自己正面還是負面，任何一組句子，加上「我超會」之後，氣氛都會變得不同。

這個靈感最初是來自市面上的暢銷書，由於原本就熱愛閱讀也愛買書，還經營過一段時間的二手書店，平時更是圖書館的常客，我們對於市面的各類書籍，尤其是暢銷書，總是如數家珍，所以很容易就可以發現，不管是再負面的書名或感覺，只要在後面加上「的勇氣」或是「的力量」，就會瞬間變得很有能量，一點都不負面了。

暢銷書中有《被討厭的勇氣》，也有《負面思考的力量》，而像是《接受不完美的勇氣》、《面對父母老去的勇氣》、《面對情緒攻擊的勇氣》，全都是特別切題也特別能讓人提振精神的名字；《脆弱的力量》、《當下的力量》等等，也是很棒的書名。

一百題練習的意思是，以「我超會」為開頭的句子要湊齊一百個，內容不拘類型，最好是手寫，因為靈感會格外豐沛，要用打字的也可以，但還是手寫效果最好。

試試看：

我超會搞砸事情。
我超會烤焦麵包。
我超會煮水餃煮到破皮。
我超會書看一半。
我超會遲到。
我超會穿錯鞋子。
我超會忘了帶鑰匙。
我超會找不到錢包。

我超會穿破襪子。
我超會摺紙蓮花。
我超會暴力拆包裹。
我超會買網購。
我超會刷浴室。
我超會打開垃圾袋。

所有的我超會，都會讓你具象地看到自己生活的樣貌，不需要刻意正面思考，也不需要用力地變好，只要你一條一條地寫下來，你對自我的認知就會被更新為最新的狀態，有些平常感覺有點糗有點不完美的事情，列成清單之後，反而會讓人豁然開朗，會有種：「其實這也沒什麼嘛」的放鬆感。

如果你沒有辦法一口氣寫完，分個幾天慢慢寫也可以，這一個簡單的練習可以讓你很快地切入寫作狀態，也會讓你一目瞭然地意識到自己接下來應該做什麼？有哪些事情可以調整改善，而哪些事情可以笑一笑，讓它過去。

寫作練習：換位思考

試著從包包裡找一件物品，從它的視角來看待自己。

用「我超會」造句的一百個練習題。

如果有一天，當你一覺醒來，發現自己居然變成了自己的錢包，你會怎麼開始這一天呢？你會如何看待你的主人（你自己）？

從錢包的角度，或從你的保溫杯、你的手機、鑰匙圈，悠遊卡或你的包包等等，從這些角度看到的你，一天是如何度過的呢？

鬧脾氣的時候都幹嘛了，愉快上街上網買買買的時候，又是什麼模樣呢？

人們常說換位思考，彷彿這是解決大多數問題的最佳方案，但換位思考真的很難，畢竟你我他都是不同的個體，因此，假想自己是包包裡的物品，是最簡單也最直觀的方法之一。

代入物品的觀點是第一步，如果你覺得寫來還蠻不錯的，可以更進一步，代入身旁的親朋友好友的角度看看。

倘若你願意代入自己的父母或兄弟姊妹，甚至是公司同事主管或好友的角度，你會從這個過程中更加深刻地理解他們的性格跟態度，也能借他們的目光，重新發現自己，這也是避免對自己的刻板印象太過僵化的方法。

人每一天都在改變，過去遇到的好事或壞事，有些會隨著時間流逝，有些則會沉澱在你我身上，重新發現自己，只需要用假設的方式換一個身分就好。

若是你真的很難用旁人或物品的角度來觀察自己，也可以從「我超會」的造句練習開始，因爲要描述我超會，所以你必須要把自己的行動跟想法還有過去做過的事情寫下來，當你一條一條地寫下這些事情，也能從客觀的角度，俯瞰自己的生命歷程，進而體悟自我的生命故事，這一切只需要從造句開始就行囉！

#改變看世界的眼光

日本漫畫家山下和美曾有一部作品名為《天才柳澤教授》。漫畫的主角是大學經濟學的教授柳澤良則，柳澤教授的個性與事蹟據說取材於山下和美的父親，許多發生在漫畫中的故事都真有其事。

柳澤教授是一個生活非常嚴謹的人，他總是在固定的時間起床出門上班，他會走固定的路徑，在固定的時間於街角轉彎，去菜市場買菜也會按照內在規律挑選當日餐桌的魚，時常在秋刀魚與竹筴魚間徘徊，而每一天晚上，他會固定在晚上九點入睡。

電影《口白人生》中，哈洛原本只是個機械式生活的稅務員，他和柳澤教授一樣，生活呆板無趣，但兩部作品的差異之處在於，柳澤教授以他最愛的經濟學去了解並解讀許許多多的事情，但哈洛卻是行屍走肉地活著。

哈洛會數自己一天刷牙總共刷幾下，甚至會數自己的步伐，他的人生充滿精確的數字，卻遺忘了好好活著的重要性，也很少去感受生活的樂趣，直到某天有個聲音闖進他的腦海，開始呆板地陳述他的人生，他提前知道了自己所剩時間不多，在陳述

「哈洛」這個人一生的旁白結束之時會死去的事實。

原本已經麻木過活很久很久的人一旦發覺時間不多，才會驚覺自己不知道為什麼要蹉跎生命？找尋自己，完成自己未完成的夢想變得格外迫切。

人是非常容易忽略身旁事物的存在，有時候是因為習慣，有時候是因為沒有好奇心，沒有刻意探索的慾望。

我們大多對自己平時經過的街道毫無興趣，可能住了很久卻不知道巷子裡有一家五金行或是雜貨店，也可能住了很久卻不知道附近巷子裡有個小小的傳統市場，每天早上五點攤販會開始忙碌，展開新的一天。

對四周環境如此輕忽的我們，卻往往會在旅遊時對一盞在當地人眼中平凡無奇的路燈或水溝蓋心動，對那些舊舊的櫥窗與建築產生濃濃的興趣，興高采烈地與一個噴水池或尋常的街景、櫥窗合照。

很多人都以為只要走出去，人生就會改變了，殊不知改變一個人，改變人生的方式並不是遷徙或逃離，而是改變看事物的眼光。

有陣子我憧憬著攝影師們拍出來的美妙風景，捨棄數位相機，改拿起沒辦法馬上看到成果，充滿不確定的傻瓜相機，用的還是容易漏光或變色的過期底片。

那時候追求的是一種模糊而抽象的可能性，因為過程不可控，所以每次洗照片都像在開獎。

我在自己家前前後後按下了幾百次快門，有些照片成功，有些照片失敗，還有一些照片，美得不像在自家附近的小水溝；也有些照片，看起來很棒，但我卻怎麼都想不起自己是在哪裡拍下這張照片的。

僅僅只是換了一臺相機，也只是隨意找個方便的時間拎著相機走出門，在附近走走逛逛，甚至不是特別跟團去拍知名景點，也能拍出美妙的風景，拍照當下抱持著的挖掘心態跟等待照片洗好的期待感，都讓整個過程充滿樂趣。

攝影師柯錫杰演講時曾說過一段讓我印象特別深刻的話，他說現在大家拍照都太快了，數位相機跟手機讓大家一拍就可以馬上看到成果，喜歡就保存，不喜歡就刪，但有很多好作品，是需要放一放的，拍的當下，洗出來的當下看到的好壞，並不是絕對的。

他說他有一些作品是放了好幾年之後，有一天翻開，突然發現：「對了！」這種奇妙的感受，我在整理自己隨手存的圖片以及拍過的照片時，也曾發現過。那時我才知道，人生有很多時候，當下並不會意識到有一張日後會「對了！」的作品，而僅僅只是踏出家門，在直徑一百公尺內的範圍移動，都會發現日常不會留意的風景。

第一次在自己的日記裡寫下這些字句之時，我才發覺，人真的很容易被固定的環境或行為限制。當你每一次出門都是急匆匆地追公車或是騎著機車飆來飆去，自然不會意識到自己其實忽略了自家附近的風景，可能連什麼時候巷子裡開了一家可愛的小店都不知道。

沒有意識到環境每天都在改變，也不會意識到自己不知不覺地限縮自己的選項，這其實是一件很可惜的事情。

就像那些讓人感覺「對了！」的作品，雖然還是同一張照片，客觀上並沒有什麼改變，但隔了一段時間之後，也許是個人美感提升或想法改變，突然就看得見那個「美」了。

我才體悟到，一定要保留自己能夠看見美的時間和心情。

臺灣雖然不是世界上最美的地方，雖然有許多高樓大廈，雖然有很多千篇一律的百貨商場專櫃等等，但也有很多漂亮的老房子藏在巷弄間。也許只是防火巷裡隨便擺幾把椅子，幾扇古舊的窗戶，紗窗和鐵窗的樣式、牆上用噴漆寫上的「請勿亂丟垃圾」等等，都很有味道。

這些年很多老街區都悄悄復甦，也許有些老屋變成了新的旅宿，有些角落變成咖啡館，還有些街道，悄悄地變換樣貌。

人們如果忽略了身邊的美景，也很容易忽略生活的可能性，如果常常抱持著「理所當然」的想法，很容易會讓人生變得枯燥乏味。

拍照與挖掘身邊的美好，會有一個「對了！」的時刻，可能是今天，也可能是有一天，而生活中其實有許多片刻，也都很值得書寫。

每天城市裡有許許多多的人在移動，上班途中我們會與許多人擦身而過，也會與陌生人搭乘同樣的交通工具，跟一群面孔陌生又熟悉的路人在同一站下車，在移動中，無論我們是否正在想些什麼，正在做些什麼，都會變成別人眼中的風景，而別人也是我們的風景。

每一個人前進的理由都不同，心思想法也必定會有所差異，如何用自己的眼光去看待這些差異，如何透過創作去詮釋這一切，也見證了我們的人生。

因為，每一個人的人生都是獨特而不可取代的。

每一次去上課，每一天去上班，你都走一樣的道路嗎？

有沒有試過其他路線或交通工具？
可曾注意到早餐店門前盆栽的花開了？
你曾留意過偶然跟你搭乘同一個車廂的乘客嗎？
有沒有在路上遇見會馬上使用ＬＩＮＥ或訊息跟朋友吐槽的事呢？
你是怎麼安排自己這一天的生活呢？

也許，你可以從今天的早餐寫起。
或者就從今天匆匆忙忙趕在最後一分鐘，在關門前一刻跳上捷運開始吧！

寫作練習：途中

1. 上課的途中
2. 下班的路上

你可以隨意挑喜歡的部分來寫，可以從今天早上踏出家門那刻寫起，也可以假想有個新房客或新同事，你會怎麼跟對方介紹你居住跟工作的環境？又會怎麼分享自己愛吃愛去的店？

如果你可以享受自己的視角，就寫自己喜歡的內容；如果你一時想不到，不妨換成陌生人的角度，重新觀察你的生活與經過的一切吧！

#找到想要訴說的「感覺」

有些人喜歡旅遊，喜歡爬山或旅行，他們冒險與挑戰的衝動，往往會讓他們在途中經歷一些其他人不會遇到的事情，裡面有好事，也有意想不到或是不可思議的事，每當說起旅遊，他們就會像黑暗中亮起的篝火一般，散發著源源不絕的熱情與能量。

有些人喜歡閱讀，在經歷不同角色的人生與故事時，他們會跟著掉淚或大笑，跟著主角心情低落或飛揚。他們會為了故事中的悲歡離合揪心或破口大罵，也會在看完整個故事闔上書頁後幸福地嘆息，或是有很多想法急著要和朋友分享。

不管你喜歡什麼迷戀什麼，只要你有說出口的衝動，只要你不是完全沒感覺，只要你對此有熱情，都可以寫下來。

不要因為覺得這樣的東西好像沒人看，也沒什麼人想知道吧？就什麼也不寫，當時間過去，連我們自己都遺忘這些小小的幸福與生活點滴時，這些文字會在你最需要的時候給你力量。

我常常跟朋友說，無論你是開心歡喜，還是煩惱痛苦，不管是哪一種情緒，當你有感覺，當你有話想說，就都是最適合提起筆的時刻。

回歸到訴說的原點，不就是因為心中有一個「感覺」想分享嗎？

你可以試著找找看自己比較印象深刻的感覺，就算覺得此刻焦慮痛苦又不舒服，工作壓力大得一離開公司就在捷運公車上一路哭回家，都很值得寫下來。

你應該是最了解自己的那個人。

你渴望的肯定跟包容，透過文字記錄，都能實際回饋到自己身上。

文字可以安定你的心情，也能為你梳理種種糾結，更別說，人生中有很多片刻都值得被記錄，無論這些記錄到最後會不會拿給別人看，這是我們給我們自己的文字，不是給別人，而是給自己的。

海明威說他總是在寫到感覺很好的時候停筆，因為怕隔天就會寫不出來，所以總是在想到之後的故事與感覺後停下來。

不管你想從「沒有感覺寫到感覺很好」然後停下來，或是從「很有感覺寫到沒有感覺」而停下來，至少，我們可以先在紙上釐清自己的感覺，爬梳自己的想法。

如果所有寫作都需要一種感覺，那麼，不如就從一個很好的感覺開始。

從一碗好吃的牛肉麵。
從一部驚心動魄的電影。
從一篇美麗的詩篇或一篇激勵人心的文章開始。
就從一個很好的感覺開始吧！

寫作練習：一個很好的感覺

一個很好的感覺，可能是雨天好不容易回到家，剛沖完熱水澡，全身都放鬆下來的時刻；也可能是跟朋友坐在咖啡館喝咖啡聊是非，可能剛收到一份生日禮物，可能剛收到團購的蛋糕，或是收到朋友從海外寄來的明信片時。
生活中有很多微小而幸福的片刻能讓我們確定自己此刻的美好感受。
就從一個你現在想得到，最舒服也最開心的感覺開始吧！

#你為何這樣決定，那樣生活

我們在決定自己怎麼生活，使用哪些物品的過程中，其實也經歷了層層篩選，只是篩選過程很快，或者已經習以為常，所以很少去想為什麼。

無論你選擇的是囤積癖的生活，還是極簡生活？

追根究柢，這都只是一種生活方式。

對於惜物戀舊的人來說，囤積未必是壓力，更有可能是自我價值的展現。

因為他們放在身邊的所有事物，幾乎都記錄了他們人生中一段重要的時光，在這之中，可能有他們小時候跟父母一起出去玩所拍下的照片，可能有以前花費很多心力做好的作品跟所有值得紀念的事物。這些對陌生人一點都不重要的事情，卻可能是形塑惜物、戀物者的性格及人生的重要證據。

有些人雖然戀舊，卻很少去肯定在那之中自己所付出的努力，這是很可惜的一件事，倘若你對自己的人生經歷漠不關心，只是呆板地把東西屯著，那麼你也會漏掉那些從時光中積攢起來的力量。

如果你是個戀舊的人，不要把你珍藏的事物遺忘在箱子裡，你應該好好面對這些珍藏，讓珍貴的記憶可以源源不絕地反哺你能量，讓你更明確自己的人生與未來。

所有一拿起來就會想到過去某段記憶的物品，都值得特別為他們寫上一篇文章，因為沒有人能夠比你更了解你自己，你當時付出的努力，為此熬的夜、花費的時光，都很重要。

當你決定珍藏一件物品或一本書，甚至是一件衣服或是任何一個小東西，這樁樁件件，全都是你曾經努力過的證明，正是因為這些東西很重要，才更需要提取自己對自己的肯定。

有些人習慣性自卑，總覺得自己沒那麼好，渴望肯定卻不知道從哪裡著手，卻不知道，所有外來的肯定，他人給我們的肯定，全都得經過我們的內心允許並認可，才有可能實際生效。

就像那些你決定不丟，要保留下來的物品一樣。

你得先願意把它帶回家，願意留下它，它才可能待在你身邊。

倘若你是囤積癖，恭喜你，你有很多很多的素材，就圍繞在你周遭，等著你去發現自己。

如果你是個極簡路線的人，追求實用，或追求無印良品般，潔白乾淨的生活品味，好像沒有什麼雜物可以讓你寫出一長串故事，那麼你可以回過頭來問問自己，你為何選擇極簡？

在維持這樣的生活時，你的想法是什麼？這讓你覺得舒適安全嗎？讓你有成就感嗎？選擇這樣子零雜物、收納整齊或簡約的生活方式，對你的人生又帶來什麼影響呢？你從中得到了什麼樣的感悟，對於自己的生活品味是否自豪？

現在的你，選擇什麼樣的生活呢？

如果那是你舒服的模式，建議你可以將自己的品味和想法寫下來，分享給大家。如果你其實有點不舒服，甚至為了某些事情在忍耐，那麼讓你忍耐的事情一定很重要，即便現在還沒辦法去過自己最嚮往的生活，還是有種種牽絆，那麼試著把你在乎的事情寫下來也很好。

寫作練習：我選擇的生活

打開你的抽屜，你最常拿起來的是什麼東西？

最少碰觸的是哪一個抽屜，裡面又裝了些什麼呢？

請把自己當成一個生活哲學家，大方地，用文字跟大家分享你的生活哲學吧！你的每一個選擇，都構成你的人生，檢視自己的選擇，也能讓你很快地掌握自己的目標和生活風格。

關於你的事情，都很重要。

關於你的選擇，都有意義。

請盡可能地寫下來吧。

我決定戀舊的生活。

我決定不整理的生活。

我決定……

第二節——

深入內在，開始與理解

#忠於自我，不要批判

在用書寫探索自己的過程中，只要忠於自我就可以了，不需要特別去批判或分出個高下或好壞。

以〈你為何這樣決定，那樣生活〉這篇為例，在我的小時候，因為家境因素物質匱乏，這讓我在早早出門打工後，為了彌補自己童年的缺乏，變成了一個購物狂，每個月都是月光族，也有很長一段時間，搞不定自己的金錢問題。

我的奶奶並不是一個很會打掃整理的人，老人家惜物，東西幾乎都不扔，食物也都反覆加熱到看不太出原本的樣貌，家中每次都是外出打工的小姑姑回來收拾的，我自己在家頂多掃地，不屬於我的東西並沒有權力去歸置，所以對於收納完全沒有概念，也不知道該從何下手。

有一段時間我甚至不愛用任何有抽屜的東西，抽屜跟衣櫃通常都是在有朋友要來拜訪時，匆忙把亂堆的東西塞進去的緊急救命空間。

外出工作後，因為愛買書愛買東西，單身時雙人床的另一半擺滿的通常都是書，生活環境堆滿了雜物。然而不管旁邊東西堆得多高，我只要一碰電腦，就完全看不到周遭，所以很多時候我住的房間是看不到地板的，到處都堆滿書籍、袋子跟紙類，走路都沒地方下腳。

當然我也不是完全不整理，通常大概一年會爆發整理個一次，其他的時間就下意識看不見，回頭想想，我的整理模式跟奶奶還真的差不多，童年的確影響我很多。

這些年因為《斷捨離》跟《怦然心動的人生整理魔法》熱銷，我也在這之中鍛鍊自己取捨的能力，後來慢慢發現，即便過去不知道該怎麼做，透過閱讀，只要願意嘗試著實踐看看，就有可能慢慢學會。

後來我因為身體狀況太糟，自己一個人並沒有能力整理環境，就找了朋友來幫忙，也付錢找過小幫手來幫我們打掃貓房。

找人來幫忙，一方面是減輕自己精神上跟體力上的壓力，另一方面則是當朋友拿起一個東西問我要不要的時候，在這樣的問答協助下，自己也能很快意識到自己想要的答案跟結果是什麼，從而讓自己的生活空間變得越來越清爽舒適。

在這個過程中，我也開始像集點一樣，慢慢收集關於收納整理打掃的種種技巧與知識，我會特別去找書看，也加入了一些相關的社團，看看別人都是怎麼做的，用了哪些技巧。

現在我每隔一小段時間就會將生活空間分區塊，在自己體力能及的狀況下，打理我身邊的環境。掃去灰塵、丟掉早就該丟掉的東西，並且對於該珍惜的東西，好好地珍惜並維持乾淨。

整理自己內心的感覺，面對自己過去的記憶，不管那是好的壞的，這個過程其實也跟打掃一樣。

最初我對斷捨離的想法是必須統統丟掉，好像不能再隨便買新東西。

這種模糊的感覺其實很容易讓人有壓力，就像減肥的時候，以為什麼都不能吃，在漫無天日看不到盡頭的歷程中，很容易因為壓力過大，壓抑過度而讓人暴飲暴食，誤以為沒辦法一路堅持到底就沒有意義，因此讓自己格外挫敗，面對自己的過程也像這樣。

雖然此刻的我可以大方地說，我沒有再回那個傷我至深的家，我放棄了我的原生家庭，只為求一條生路，但在這個過程中我並不是沒有自責的。（編注：沒力與原生家庭的關係，可參見PART 4：沒力的故事）

有很長一段時間我是迴避去想這件事，但躁鬱症發作時，愧疚感會像海嘯一般淹沒我，我會陷入很深的自我質疑。

我也很想好好地大方地接受現實，接受有些人的愛中夾雜著刀片，別人都可以好好地應對那些鋒利的碎片，為什麼偏偏我不能呢？

而有些時候我則試著去理解自己的情緒，我渴望有人這樣告訴我，所以我也這樣告訴我自己：

每個人都有做不到的事情，不必勉強自己一定得滿足普羅價值，畢竟每個人承受的壓力跟傷痕是不同的，誰也不能輕易地抹煞他人實際經歷的苦楚。

我從不會整理，到後來開始能夠維持一小段時間的整齊，接著學習模仿惜物擅長打掃與整理的好友身上的特質，慢慢學會了，打掃要一點一點來，整理跟收納要分開，而從斷捨離的電視節目中，山下英子對一個曾經上過斷捨離節目，但後來又弄得亂糟糟的太太說：

「不要擔心，不要自責，斷捨離本來就是要一次又一次去做的，就像我們也不會因為身體會弄髒而不洗澡一樣。」

這段話把我從沮喪中救了出來。

這讓我更能妥善地去面對整理這件事，哪怕我體力不足我也不再苛責自己，做現在能做的事情就好，哪怕暫時只能做到一分，那麼先擁有這一分也足夠了。

透過一次次書寫我過去原生家庭的故事，我從一開始的自憐，逐漸轉為能夠理解他們，甚至能回想起他們對我的好，哪怕我還是不能接受那些苦的部分，也無法回去那個家，甚至因為生病的關係，夫家這邊的親人我也很少接觸。

但經過一次次自我梳理並理解自己的創傷，坦然面對自己的躁鬱症之後，我忽然發現，我執著的痛苦，其實早就已經是過去式。

老人家已經都過世了，我自己也到了四十這個年紀，比當初讓我挫敗不已的父母年紀更大了，總是得長到大人了才知道，這世界上也有很多大人無法完美妥善處理的事情，也才會知道，不需要先去批判什麼，很多事情未必有一個完美的大道理，而人生很多道理最後等待的，是時間的沉澱，也是一種自我和解。你得先能理解，然後接受，才有最後的和解。

不要批判不僅僅是不傷害他人，其實也是不傷害自己的一種方式。

有些傷口如果你現在還不知道該怎麼處理，沒關係，也許是時間還沒到，你不需要時時將愧疚背在身上，試著把東西先放下來一下下，伸展一下你的手腕和身心，如果你覺得自己還不能放下，中場休息後可以再背起來，而如果你覺得自己似乎應該嘗試放下，那麼不如先試著把事情寫下來吧！

在這個書寫自己的創傷與心結的過程中，書寫就像用清水洗去傷口上沾上的泥沙與細菌一樣，一遍又一遍地洗，你會發現自己越來越輕鬆，也越來越能好好面對自己的課題。

但首先，不要批判自己，人跌倒了受傷了，或是中了一支毒箭，去苦苦思索毒箭從哪來？為什麼會跌倒受傷？這是沒有意義的事情，因為更重要的是治好你的傷，解這一支箭的毒。

無論是減肥，是學習斷捨離或整理收納，還是安頓自己的身心，都是一樣的，你得試著把故事說出來，你可以試著學習有類似歷程的老師，你也可以讓自己慢慢一點一點摸著石頭過河，最終抵達安全的港灣。

#一個故事可以不只有一個版本

寫自己人生經歷與想法上的點點滴滴時，要特別注意，在你寫完整篇文章之前，先不要急著對自己的人生或筆下的這個事件下定論，例如過早判斷這是一件「不值得寫的事情」，或者認為「沒辦法了」、「沒救了」、「一定很糟糕」、「沒有人想聽」等等。

同樣一件事情，現在的感受、一年後的感想，三年甚至五年十年，經過時間的沉澱與累積之後，可能會有截然不同的觀點。創造你每一個階段的新版本，透過不同的版本，陪自己成長。

就好像我在分享關於我的故事時，事情剛發生的時候，每一次寫，我都像是在梳理我內心的情感與委屈，我需要有人傾聽，有人理解；而當過了五年十年，我經歷更多事情之後，每一次書寫，反而變成是一種沉澱與思索。

過去寫下的文字，成為我日後觀察自己的依據，也成為我每一次進步的最佳見證。而隨著一遍又一遍地書寫，我對自己的人生有越來越清晰的認知，我越來越了解自己的性格與脾氣習慣，也在成長過程中調整了自己的態度，書寫與充足的時間，讓我在不知不覺間成長了。

漸漸地，我越來越快從低潮中走出來，對於過去曾經傷害我，或是讓我糾結不已的事情，也越來越快釋懷。

這裡面固然有自己成熟了，個性更圓融的緣故，但更多是我細細寫下這些文字的過程中，文字梳理了我的內在與情緒，也陪著我，給予我自己理解與溫暖。

《淮南子》中，「塞翁失馬，焉知非福」這個故事中，塞翁先是走失了一匹品種優良的馬（失去），後來白馬不但自己回來了，還帶了另一匹駿馬一起回來（得到），幾個月後，塞翁的兒子騎著駿馬去打獵，不小心摔斷了腿（失去），而後來戰爭到來，許多身體健全的人被軍隊帶走，塞翁的兒子卻因為失去一條腿而得以平安地留在家人身邊（結局）。

這些失去與獲得的經過，並不是發生在一天或是短時間內，而是經過一段時間，發生了一些事情，才走向故事的結局。

人生的很多事情也不能只看今天，有些意義，需要時間的沉澱，才會浮現，許多耐人尋味的美好故事，常常都是在作者還不知道的時候，就已經存在，但得等到作者把文章寫完了，才有可能知道最後的結局究竟是什麼。

所以，首先你要願意寫，願意多寫，才有可能看到自己的全貌。一樣的題目在不同的時期寫，可能會寫出截然不同的故事來，所以請試著挖掘自己，容許自己有各種不同的可能性。

如果你真的很擔心寫不好，那麼你可以給自己初稿、一稿、二稿等修改機會，在修改過程中，主題也會慢慢聚焦，就會越改越好。但首先你要多寫一點，這樣即便要刪改，也有足夠的空間可以發揮。

請留給自己成長與能夠發揮的空間，這很重要喔！

#尷尬與下意識反芻

我一直都是一個非常怕尷尬的人。

很多人都怕尷尬，尷尬通常是出現在彼此頻道不同或是話題對不上，甚至是出糗或做錯事情的時候，但也有一些時候，尷尬無所不在。

無論是現實中自己或是朋友遇到糗事或是很難面對的事情，我都會尷尬得無所適從，背部寒毛直豎、全身發冷，精神極度緊繃，眼神游移著不知道該先為自己無法承受的尷尬氣氛逃走，還是應該安撫對方。

我害怕尷尬的程度，嚴重到我不僅僅為了自己遇到的糗事尷尬，也會為了他人的經歷，甚至是影視戲劇或小說中的劇情尷尬，彷彿頭上有個超級敏感的雷達，遇到空氣中凝結著微妙的尷尬時，就會發出嗡然巨響；又像一個定時炸彈的倒數計時器，每一分每一秒喀噠喀噠的聲音，都是地獄之門為我敞開的前奏。

容易緊張、容易尷尬，到後來因為生病，緊張變成焦慮，尷尬變成恐慌；隨著後來自己躁鬱症爆發，有了各式各樣的情緒海嘯，每次情緒的浪潮退了之後，面對滿目瘡痍的自己就像面對翻桌後散落一地的東西，不知道從何撿起，只感覺到滿滿的挫折與難受。

人在焦慮的時候，其實很難控制自己，因為大腦的習性跟我們的性格並不相似。對於簡單容易下決定的事情，平淡到沒啥波動的事情，大腦沒啥興趣；而那些糾結的、難堪的、尷尬的，情緒激動或是強烈得不得了的，這些才是大腦最愛的題材。就像牛有四個胃，吃進去的食物還能掏出來反芻，大腦對於引發負面情緒的事情，甚至會有類似反芻上癮的模式，會不斷反覆思考、煩惱很久。

每一次尷尬冒出頭，我都會嚴陣以對，但隨之而來的並不是「時間過了，一切平息了」，而是更多地下意識反芻與更多更激烈的情緒衝撞。

那些尷尬的場景，別人的表情，周遭一切細節，都像被打包塞進我大腦裡的洗腦廣告，三不五時就要冒出來刷一下存在感，我越執著要面對這些尷尬的感受，就越是痛苦，洗腦廣告瘋狂重播，我也一直循環在尷尬與挫折中，簡直像一個死循環。

當然不只尷尬的事情會腦內重播，痛苦的事情或是不愉快的事情，甚至是恐怖片的畫面也都會重播。

我常覺得這些事情很困擾，可也是在跟很多人談過之後才發現，很多時候，怕尷尬來自於愛面子，也來自在乎他人的觀感。因為很擔心自己一旦出糗或做出了什麼蠢事，家人朋友會不再愛我們，會覺得我們很糟、一塌糊塗。

然而害怕被否定，這種激烈而強烈的感受，對大腦來說就像吃了一頓麻辣鍋或是夏天吃冰淇淋一樣暢快，因此，哪怕身為這個身體的主人的我們心裡不喜歡，大腦還是會忍不住一次次提取這些重口味來回味。

◇

在不了解大腦的習性之前，我曾以為尷尬的感覺一輩子都放不掉，畢竟那些追著我有事沒事跑出來的記憶真的很令人糾結，但當我透過閱讀跟更多的資料發現這可能只是大腦偏愛的「重口味」，我的想法改變了。

大多數的尷尬我其實都會寫下來，畢竟歷歷在目，當我事後重新面對這些事件，在寫日記的時候琢磨了幾個可行性比較高的方法，很認真地想了又想；最後發現，哪怕是現在，面對當初那些一個個片段的尷尬場景，可能我也想不出更好的解決方法。

已經發生的既定事實無法改變，實際上尷尬也沒有斷絕我與朋友關係的能力，反倒大多數關係都是因為時間和距離淡化，我也實際跟一些朋友確認過，關於我在乎的那些事情，他們要不是忘了，就是覺得沒什麼。

原因很簡單，一來那大多都是很小很小的事情；二來，這些親朋好友，我尷尬記憶中的另一個當事人，有更多更重要的事情要煩惱，再記仇的朋友都不會把他們的額度分給我這些小尷尬。

對他們來說我再重要，也只是配角，而對他們自己來說，他們自身才是人生中的主角，反過來說我其實也是。

認真想想，在我的人生中，有人比我自己對我更重要嗎？

我想應該沒有。

於是我就想，只有我一個人還記得嗎？

一直干擾我的尷尬跟那些瑣事，真的那麼重要嗎？

如果這些尷尬只是我大腦愛吃的零食，那麼我順著自己當時的行動，告訴自己，這已經是最好的解決方法了，結果會怎樣呢？

後來遇到尷尬場景再次浮現的時候，我就告訴自己：你當時做的是對的，你們已經不再連絡，這些記憶不會影響到你的未來，沒有更好的方法了，直接結案。

這種簡單粗暴的方式，剛開始的確很彆扭，因為自己並不習慣，但多練習幾次之後，有效打擊了尷尬癌的發生，我也慢慢地擺脫了年代久遠的尷尬。

但畢竟我還是個容易焦慮的人，所以每當遭遇尷尬的事情，我就會這麼做：

打開：在寫文章或寫日記的時候，先把全部過程寫出來。

檢視：接著讓自己暫停一下，然後用客觀角度看看整個事件。

篩選：如果留著這個記憶，日後的我會會心一笑，那麼我會留下這一個段落。但若是留著這一段文字跟記錄，我會很挫敗很難堪，甚至加重我的焦慮或恐慌，那麼我就會把這一段文字刪去。

因為在刪掉之前，自己已經好好地檢視過這整件事情，包含理解我自己發生了什麼事？我自己如何應對？以及我的情緒有多麼受到影響或糾結，因此刪去的時候，就像把使用完畢的一次性物品丟掉一樣，內心的負擔變小了，自己也不再試圖糾結過去尷尬的事了。

當然這個過程可能會一再發生，但是只要每一次你都能察覺到，並且嘗試撫平它，你就會越來越好，漸漸地也能越來越駕輕就熟，總有一天能不再為此困擾。

◇

每一個人的個性與成長過程中，都有一些小事是無論如何都忘不掉的。那也許對別人來說一點都不重要，也許已經沾滿了陳年的灰塵，可偶而將這些事情拿起來，撢一撢灰塵，試著記錄下來，也很有意義。

就如同還不知道怎麼擺脫尷尬之前的我，曾經覺得，如果這就是我的人格特質，大方接受它也沒什麼關係，不過是怕尷尬，不過是在意別人的目光，每個人都會的，只要不要過分苛責自己或是被沮喪的情緒影響，而遷怒到別人身上就好。

後來因為嚴重的恐慌症與躁鬱症就醫後，我才發現，原來我的焦慮跟恐慌那麼早就藉由「尷尬」與「下意識反芻」這樣的行為提醒過我了。

我的性格特質容易有這些反應，我的大腦偏愛這些，也是透過寫作跟閱讀梳理，我才更加了解到，尷尬也好，恐慌或反芻也罷，其實都是情緒的某一面。

所有情緒都有原因，而理解自己的情緒，理解自己那些大大小小的性格特質與偏向，都能讓自己更加了解自己。

你也有不為人知的小事嗎？

不管是跟我一樣怕尷尬或是愛面子愛得要死，不管是有什麼奇怪的壞習慣，都很值得寫下來。

我也是在鉅細靡遺地記錄了自己每一個強烈的情緒和動作後，才後知後覺地發現：原來我是這種人啊！

想要了解自己，想要像很多名作家一樣學會很自然地寫生活，就該從簡單的小事開始寫起。越寫你會越懂自己，越寫你也會越了解自己還有許多可能性尚未被發掘。

而不管是平庸或特別，這世界上都只有一個你，也只有一個我。

怕尷尬的人生也有很多笑點，愛面子的人生也可以得到幸福，重點只在於你如何看待自己罷了。

而要擺脫尷尬，上面也分享了沒力的方法，如果你的大腦也偷偷存了一些重口味的零食，也可以考慮稍微清理一下。

無論如何，寫作也好，探索自我也好，都是為了讓自己過得更好，理解自己的特質也是。

你如何看待自己與那些小事呢？試著把你那些有點在意但從沒跟人說過的小祕密挖出來晒一晒太陽吧！

也許，你也能從如今的角度看清那些祕密的真實樣貌，從下意識反芻、莫名的罪惡感以及負疚感中逃脫出來，就從理解自己情緒中隱藏的祕密開始吧！

寫作練習：條列你的糾結

你怕尷尬嗎？還是怕挫敗感呢？

試著把自己關於情緒的小糾結一條一條列出來。

就像打結的頭髮需要由下至上，一遍一遍往下慢慢梳順一樣。

情緒也像這樣，需要一層一層梳理，越梳就會越順。

想要打破下意識的自我壓抑，不妨先試著肯定這些小情緒吧！

#人生每件事都有特別意義

在寫作的過程中，你可能會疑惑：

這樣私人的瑣事，真的有必要寫下來嗎？

畢竟在我們就學讀書乃至出社會工作，大多數的寫作似乎都是特別有目的。

因為要有明確的動機，所以怎麼設定題目，怎麼寫出重點來，就顯得格外重要。

但書寫關於自己的人生與心靈的文字，其實並不需要大道理或是什麼高大深遠的目標，因為，此刻的你，是為了自己而寫。

既是為了過去的你，也是為了未來的你，更是為了現在的你。

我從小就有點微胖，長大後因為生病的關係，內分泌失調，循環也不好，體重一度直逼一百二，小時候胖還能被稱為可愛，長大後這破百的體重除了讓我身心負荷更大之外，也讓我有一段時間相當沮喪，後來想開是因為身體都這麼糟糕了，比起身體不舒服只能臥床的痛苦，體重就顯得有些微不足道。

但最有意思的是，年輕時我想追求更好的生活，把自己的日子安排得滿滿當當，白天上班晚上讀書，稍微有點時間我就看書看電影，工作上也有滿滿的動力跟事業心，但我其實並沒有可以折騰的本錢，所以剛開始的時候真的很痛苦，我很想拚工作，但是身體不允許，但若不是身體真的很糟，大概我後來也不會轉向寫作吧！

畢竟我剛開始試著去寫言情小說，就是為了讓自己在沒辦法出門工作的狀況下，還能有收入，後來我在外子的鼓勵下開始去嘗試各種文字與寫作機會，輾轉變成了教寫作的老師，這也是當初根本想像不到的事。

如果只看缺憾，我沒辦法外出上班，我的學業因為身體問題被迫中斷，我有好些年深受恐慌症與躁鬱症所苦，直到現在，即使經過長時間的調養，我仍然無法外出工作，隨著年紀增長，越來越多大大小小的毛病讓我時常需要小心照料自己的身體。這些狀況似乎很糟，但這一切其實也同時促成了我轉向全新的生活方式，也擴增了我的寫作題材。

人生沒有任何一件事情會白費。

這樣的話我第一次看到，是在關於職場的書上，後來在實際的工作與生活中也多次印證，不管你做什麼工作，分別做了多久，那些在職場上學到用到的東西，跟你因為一時興趣或好奇，甚至是三分鐘熱度去接觸的事物，都會在某一天匯聚起來，成為一份禮物。

我做過咖啡館，待過百貨公司專櫃，經營過網拍，也實際開過店，這讓我跟外子在決定開書店時，省了不少功夫。我擅長陳設跟販售，也知道該怎麼打點客人，外子則是因為長年的閱讀有著精準選書的眼光；這些讓我們在開書店時，選書跟經營都有了自己能發揮的空間。

我們在不同的地方都開過書店，哪怕書店暫時結束，選書的能力與所有的經歷和能力，仍然在我們身上，並且因為這一次兩次的實踐，變成更深刻的記憶與技能。

你身上也有曾經努力過的痕跡吧！

你喜歡的領域，付出過金錢與時間的興趣，工作中累積到的經驗與意外體驗，都會讓你越來越知道自己適合哪些類型的工作，你會有一些喜歡跟不喜歡的事情，可能感情上或職場人際有遇過這樣那樣的問題。

這些所有跟你有關，不管是發生在你身上，或是發生在別人身上，讓你印象深刻的事情，都會影響到你，也都是你的寫作題材。

這世界上沒有任何努力會白費，有時候你在原地得不到肯定跟果實，也許只是因為，果實躲在其他地方，可能是下一份工作，可能是另一個你想嘗試卻還沒有行動的領域中。

也有可能，你的技能其實是等待嫁接的枝條，當你邁出下一步，實際去追求你所熱愛的領域時，枝條上承載著過去的累積，加上新果樹的能量，就能培育出更美好的果實。

當你開始願意試著為自己而寫作，就像梳理你人生中的所有養分與累積一樣，最終這些養分會滋養你的人生，而你只需要試著寫寫看就好，只要動筆，就是開始。

只要開始寫作，就是為自己的人生保留精彩片刻。

你的天賦、個性、經驗還有三分鐘熱度等等的各種特色與經歷，都會形塑未來的你，但是人也會遺忘過去的自己，所以才要記錄下來。

因為這些珍貴的記憶只有你能保存跟記錄，別人就算能記錄下你的某些片刻，也都只能存下表面的部分，內在的自己為什麼會有這樣那樣的決定，只有自己才知道。

也只有你才知道真正的寶藏藏在哪裡，所以要好好地挖掘自己哦！

寫作練習：**記錄下你的努力**

你曾收集或爲了什麼興趣廢寢忘食嗎？
試著把這些曾經讓你認眞努力過的故事記錄下來吧！
如果一篇寫不完，分好幾篇慢慢寫也可以，
請珍惜自己的記憶，那些都是很棒的素材喔。

第三節——如果我沒有那麼好

#「別人眼中的你」跟「你以為的自己」

別人眼中的「你」，大多是透過你已經做出來的成果與曾經做過的事情來評判，但是這個判斷並不是永遠不變的。

可能你之後轉行了，可能你擺脫了過去的陰影，選擇了嶄新的生活方式，就像有人從囤積癖變成零雜物的擁戴者，有人從不愛運動，變成了健身房的常客，練出一身漂亮的馬甲線。

這樣子，我們還能用過去的印象來看待他們嗎？

是否也會因為他們的改變而讚嘆呢？

如果一個人因為健康或是價值觀的追求，改變了自己的生活方式，甚至改變了工作跟每天會去的地方，那麼性格上的改變或者人生的路線，自然也會隨之不同。

所以如果你仔細觀察，會發現，當我們看待別人時，判斷別人的基準是別人「已經」做出來的事情，或是曾經透過言語與互動認識他們的部分；而當我們看待自己的時候，卻常常把自己想做卻還沒做，自己覺得自己「應該要去做」、「應該要做好」的事情統統都列進來。

也就是說，大多數人在評價自己時，會連不存在的目標都計算進來，這是因為那些焦慮跟想法，一直纏繞著自己，讓人不知不覺以為那些還沒做的事，每一件都很重要，而且會影響到他人觀感，非得做好不可。

當一個人永遠覺得自己做得不夠好，這些煩惱就變得格外嚴重，也會導致自我評價低落。但我們對於別人可能有興趣卻還沒開始動手做的事情，卻格外遲鈍及寬容，不會因為對方想做而沒做，就對他們喪失好感，或否定對方。

因此，當我們檢視自己的時候，也要留意，不要把太多不確定或難以實現的「應該要」列進來，免得誤導自己，讓自己不小心掉進沮喪的深淵。其實沒做那些事情你的人生也不會變糟糕，但是持續這種煩惱卻會自亂陣腳，這樣的焦慮其實是一種過度旺盛的幻想與錯覺，他會偽裝成理智，其實這也是一種情緒化的展現，我稱這種情緒為「#左腦暴君」，請記得適時關掉這個不存在的聲音。

缺乏自信的時候，除了寫寫「辦到了日記」跟「讚美日記」之外，也要記得從已經完成的成果來肯定自己，別人真的沒有那麼在意你沒說出來跟還沒做的事情。

因為在這個世界上，每個人都是自己的主角，而別人只是我們生命中的配角，同樣的，我們也只是別人生命中的配角，無法真正喧賓奪主取代對方，成為對方生命中的重心與唯一主角。

#我們所能看見的自己，也只是冰山一角

海明威有個關於寫作的「冰山理論」，說的是文字作品有時就像冰山一樣，水面上看得到的冰山並不是全貌，僅僅只是冰山一角，而好的故事，能讓人看見的除了表面的部分，還有水底下的冰山，水底下的冰山代表那些沒寫出來卻值得深思的部分。

你我他，都像冰山，即便我們努力展現自己，也不可能讓人從裡到外，從小到大，從肌肉內臟到骨骼，從過去到未來，全盤了解我們的樣貌。

故事中的人物會有主角配角，也會有反派跟砲灰，現實人生卻沒有這麼明確的分界，也不是黑白分明的，當你成為大人進入社會，就會發現世界上不僅僅有黑跟白，還有各種灰階跟色環，世界是繽紛多彩的，無法成為制式的模樣。

真實人生的發展過程中，也不像是非題那樣非黑即白，即便是選擇題，也可能像圍棋一樣，每下一步就衍生三種可能，隨著踏出的步伐越多，可能性也無限延展。

當你在曲折的人生迷宮中踽踽獨行，沒有空拍機能提供全景，沒有GPS地圖的小藍點，不知道自己正在地圖的哪一個地點，也不知道自己想去的北方到底是左邊

還是右邊。

當人生的道路充滿未知，我們可能透過求神問卜或去算命，拜訪充滿智慧的長輩或親友來歸納出可能的安全路徑，但即便是正確可行的路，也不見得是適合自己，自己願意走的路。

前些年很多父母都得了公務員焦慮症，因為希望孩子可以有穩定的工作與良好的福利，我有個學生，他的父母甚至是從高中開始就希望他能夠去備考公務員，就這樣一年一年考試，這個學生大學畢業了，他沒出門上班，因為家人希望他專心備考，又過了兩年他考上了，卻因為適應不良，跟不上工作節奏而離職，最終又回到了公務員考生的軌道上。

在這個故事中，父母的照顧跟支持，讓這個學生可以不停地反覆嘗試，同時也透過這次終於考上的經驗，讓他意識到自己可能不適合某個類型的工作，他在調整心態後，沒有勉強自己在不適合的單位待著，而是從頭來過。坦白說，我當時想到他備考那麼多年，就覺得挺心疼的，但沒有實際去做，永遠不會知道一份工作或一個機會適不適合自己。

原本我以為他會放棄，轉而去做別的事情，卻沒想到，他的韌性讓他重回考場之後，只花了一年就重新考上適合的單位了。他的選擇讓我驚訝，最終的結果也跟我一開始認知的他不同，因為剛開始來上寫作課的時候，他是很猶豫、很不確定的。

他擔心自己讓爸爸再一次失望，也擔心自己是不是會失去適應社會的能力，但最終他卻發揮了讓人意想不到的鬥志。這讓我改觀，也讓我更加意識到，每個人都有別人不知道卻很堅強的那一面，無論表面是否優柔寡斷，隱藏在內心的火苗，可能還只是深埋在地底下的岩漿，只待適合的時候噴發。

一個人的人生歷程可以很長又很廣，再好的朋友或是另一半也不可能全部都參與到，他人在理解我們的時候，也僅僅只看得到他那個視角看得見的部分。就像瞎子摸象，每個人摸到的部位不同，所以有截然不同的判斷，在每一個人自己的視線及視角中，自己看到的就是正確的。

當我們看待自己時，即便以為自己很了解自己，也可能會有些面相，若是沒有被刺激到或是沒有經歷到，就不會出現。

人的韌性只要沒有遇到必須撐住的時候，就不會發揮作用，所以，要相信自己跟自己的人生是有各種可能的。

畢竟大多數人只要換個工作或居所，就像高中畢業後讀了不同的大學，居住的環境也會跟著改變，可能連帶著後面一系列的人生選擇都會跟著改變一樣。

真實的人類，也不像小說或電影主角那樣，礙於劇情發展及限制，性格跟反應較為單一，主角做出的每一個決定，幾乎都按照人物設定走。現實中的人類會因為不同的人事物，不同的環境跟時間點而做出截然不同的選擇，看起來固執的人，有時候也會很好說話；看起來沒什麼特殊專長的人，也許耐力驚人，也有可能興趣廣泛、博學多聞。

所以不要一開始就否定了自己的能力，也否定了自己有成長空間這件事。未來是無法完全預知的，因此也有無限可能。

#困擾你的情緒，也許擺錯重點了

有個學生，他很怕被主管或上司討厭，偏偏工作能力普通，有時候理解其他人的指令需要花比較大的力氣，想法不一定能馬上轉過去，也不一定能馬上做出對方要的效果，一件工作時常要來來回回幾次才能做好。

類似像這樣的類型，真正該做的事情是做好前期的溝通，確定彼此的目標跟想要的效果是一致的，確定了再動工，之後的檢查也很重要。

但這個學生因為怕被罵，常常還搞不清楚對方在意的是哪個點？希望他改進的部分是哪裡？就匆忙動工。

工作交上去之後，又會因為缺漏等問題而被打下來，一次兩次，主管越來越生氣，畢竟每天工作很多，不可能沒完沒了地重改。

而當主管生氣時，他則下意識用飲料甜品或其他好話，還有在工作上試著去幫些小忙，下意識討好主管，但主管是能被這種糖衣砲彈沖昏頭的嗎？

後來自然是越幫越忙，雞飛狗跳，搞得他挫敗不已，覺得主管已經越來越討厭他了，他完蛋了！

最初他來找我是因為覺得職場社交跟人際的壓力很大，讓他無所適從，但理解他的工作狀態與討好行為後，我有些目瞪口呆。

可能因為我自己也是「目的導向」的人，比較就事論事，我會覺得工作上最重要是先做好工作而不是打好人際關係。

主管本來是對他很好，也很和善的，但一次兩次工作上的失誤，反覆溝通還是一直犯錯，每當主管被他哄好一點，下一次出錯又讓主管從天堂掉到地獄，自然對待他的情緒跟態度也就反反覆覆。

因為他的性格有一點點小迷糊，有時候抓不太到重點，所以我們溝通了好幾次，才總算讓他發現；主管其實只需要他把分內的工作做好，而不需要被討好，他的職場問題並不是人際問題。

「習慣性討好」是他跟很多親友相處時的模式。

起因是擔心被討厭，在乎別人的評價，希望可以得到別人的肯定等等，但他討好的行為卻像是打壞生態系的外來生物一樣，混淆了事情的正確順序，也讓他在職場人際中一再迷航。

透過一層一層地檢視，我們發現職場帶給他的煩惱中，最主要的情緒是退縮跟挫敗。這裡面有現在工作上誤以為是人際問題的煩惱，也有過去遭遇的難題與挫折，這些都讓他很沮喪，好像做什麼都不對。

他真正需要處理的，並不是今天的情緒或現在的沮喪而已，而是很長一段時間累積起來，像淤泥一樣堵住他的思緒的心情。

在跟他深談過幾次之後，學生似乎比較理解了自己的困境從何而來，才發現，在此之前，他其實也經歷過一些相似的問題。

有時候情緒會誤導我們，讓我們搞錯問題所在，在這之中所付出的努力也很容易是無效的。這個學生就是這樣，他誤以為應該要透過討好，讓別人開心，自己的工作才算完成，但癥結其實不在那裡。因果關係亂了，解答也就藏在迷霧之中。

一般人在表達事情的時候，如果平常並沒有組織架構的習慣，很容易想到哪說到哪，也很容易被最激烈也最在乎的情緒牽著走。所以完完整整地把自己看到的、感受的，並且在意的事情盡可能地寫下來，是一件很重要的事情。利用文字重建事情發生的前因後果，藉此檢視自己的觀點與邏輯，或許就有機會看出問題的盲點。

糾結的事情若是一再重複或經常發生，通常是因為問題跟答案都在裡頭，當你不常表達自己內心的想法，不常梳理自己的感受，情緒總是一團亂麻，自己也會在這些情緒裡頭迷路出不來。

若不是讓學生幾次把事情的發生經過好好地寫下來，可能也很難發現，他的工作重心已經不是在怎麼把事情做好，而是在怎麼不讓主管生氣。

#情緒有厚度，需要反覆處理

像前面提到的這個學生，他一直以為自己的問題是人際關係的問題，所以時常糾結別人的評價，「下意識討好」就像他一個過不了的坎一樣，伴隨著他從學生時代一直到進入職場。

他以為非得要所有的人都滿意，給他足夠好的分數，才叫好的人際關係，結果自然是沒完沒了地鬼打牆，被人際課題絆倒了一次又一次。

類似這樣一直遇到同一種狀況，或是因為某一個課題一再出現而沒完沒了重複的狀況，也很容易出現在自己的創作中。

這也是剛開始寫作時最常遇到的狀況，很多人甚至會一直重複寫同一個主題，好像在這幾種情緒裡面繞來繞去就是出不去。

寫作的時候，重複書寫，重複這些情緒是很正常的。

這是因為，情緒並不是一道牆或是一張紙，每一種情緒在人身上留下的厚度是不同的，再微小的事情也可能隱藏著充滿爆發力的情緒能量，釋放情緒自然需要經過多次梳理。

所有反覆出現的課題都有原因，需要好好爬梳才能循線找到根源。沮喪或不安等情緒，在一般人的喜怒哀樂中，屬於比較容易被看到跟感受到的部分，這種情緒通常也伴隨著不停地反芻自己做錯或做得不夠好的事，或是反芻他人給予的評價跟尷尬的氣氛等等，很容易導致焦慮。

因為上次已經很不順了，對方似乎很生氣，現在要做就會擔心重蹈覆轍，甚至對方可能會產生新的負面情緒及惡評，這些都會被自己的焦慮無限放大，搞得自己更加不安。

因為不知道該怎麼做才好，動輒得咎，最後就呈現驚嚇過度的畏縮態度。不敢隨便動手，也不敢隨意離開，就像沒有船錨飄蕩在海上的小船，任何一點風浪都可能導致翻船。

這種時候，最重要的是要把層層的糾結跟心情好好地攤開來檢視，因為情緒本身具有很強烈的共鳴力，所以當人遇到類似的事情時，很容易跟過去不好的經驗連結在一起。

由於過去的結果是無法改變的，因此心情上跟精神上的壓力可能就會因此被放大或加重，過去的記憶跟現在的壓力混在一起的結果就像沒有分類的垃圾，要打起精神把那一整袋放很久可能有點發臭了的垃圾重新分類好，需要一點勇氣，有些人可能還需要別人的協助，才有辦法處理。

清淤泥也好，幫自己的情緒壓力分類也罷，都是要慢慢來的，慢慢練習把這些過去的事情放下來，慢慢透過練習學會昨天的煩惱要在昨天放下，不要帶到今天，這是需要一輩子努力鍛鍊的功課，所以只要今天稍微有點進步就可以了，其他慢慢來。

隨著梳理的次數跟經驗越來越豐富，解決問題的方式也會越來越多元，就能慢慢從這種情緒的沼澤中脫困了，但首先，要記得讓自己有一點喘息的空間，不要把自己逼得太緊，導致無法動彈喔！

#如果情緒是濃縮的檸檬汁

你有沒有仔細思考過，過往纏繞著你的都是哪些情緒？

有沒有想過，當你忍無可忍只想掀桌暴走砸掉整間屋子的時候，這些情緒的壓抑與爆發是怎麼回事？

當一個人憤怒到大抓狂的時候，他們即便發了脾氣甚至遷怒到別人身上，事後不見得是爽快或過癮的，很多時候發洩完之後，會覺得自己特別糟糕，也會因此沮喪低潮很久。

人接觸任何事物都會產生感覺，情緒只是感覺的一部分，就好像人身上有很多種荷爾蒙，有些讓人瘦，有些讓人胖，有些甚至會讓人禿頭，但荷爾蒙全是不好的嗎？

當然不是，荷爾蒙也是維持身體機能很重要的存在，如果把荷爾蒙全打成壞蛋，應該要趕出身體，那只會讓身體的循環崩壞，情緒也是一樣。

情緒是一種自然產生自然代謝的產品，他反應的是你的身心所經歷、記憶的一切，也是你生活累積的痕跡。

有人以為，只要壓抑住情緒就好了，因為討厭大爆發的感覺，所以寧可壓抑自己，因為擔心影響到別人，所以憋住怒氣，忍下許多委屈，他們以為這樣問題就解決了，殊不知情緒會因為長久的擠壓而變成壓力鍋，越是壓抑，爆發時越是傷人傷己。

我曾問過一個學生，你為什麼會覺得壓抑住情緒就沒事了呢？

當你每天都會產生新的情緒時，新的情緒跟舊的情緒彼此推擠，呈現在他身上的就是矛盾與處在沸騰邊緣的理智。內心的空間就像人居住的空間一樣，空間是有限的，無止境地囤積舊物只會讓房子變成垃圾屋，內心也一樣。

我告訴他，情緒抒發是正常的，好ＥＱ不代表壓抑所有情緒，而是在正確的地方正確地把情緒發洩出去。

就像吵架有時候也是一種寶貴的溝通機會，因為有些事情平常可能不會意識到要溝通，但是因為吵架，不管是鬼打牆的吵架還是翻舊帳的吵架，最後在這個過程中，彼此會把自己內心真正在意的東西拿出來講。有人很會吵架，每一次吵架都是一次深層溝通，經歷過這些爭吵的磨合，彼此的關係跟想法都會更加貼近。

而壓抑情緒就像憋尿，你能忍五分鐘十分鐘，甚至一兩個小時，但你能忍一兩週到幾個月、幾年嗎？更何況我們會從食物及飲用水攝取水分，即便身體本身使用了一些水分，最後還是會產生尿液跟排泄物。

沒有人會因為你想上廁所就恥笑你，畢竟這是正常生理反應，你會，別人也會，這是很自然的事，情緒也是這樣，並不需要因為自己有某些情緒就感到羞愧或痛苦。

假設情緒就像濃縮的檸檬汁，濃縮檸檬汁是不能直接喝的，也許有人敢喝濃縮柳橙汁，但濃縮檸檬汁的酸度是會灼傷喉嚨的。

濃烈的情緒，壓抑已久的痛苦，就像未稀釋的檸檬汁，而每一次寫作，都像稀釋檸檬汁一樣，透過一次又一次的書寫，可以把這些壓力跟情緒釋放。

這些檸檬汁包裹著我們內心最外層的部分，你得先讓它溶解，才有可能碰到內心第二層第三層的東西，接著越挖越深，越整理越整齊清爽，梳理情緒跟梳理自我就像這樣。

如果你不想被討厭，先梳理自己對於被討厭的恐懼情緒，再來就事論事地梳理整個過程。如果是他人犯錯，你不必懲罰自己；如果是自己犯錯，那麼我們透過自我的整理，找出犯錯的癥結，下次改過來就可以了。

世上沒有不會犯錯的人，只有不知道自己可能犯錯的人，這次做錯了，下次改進就好，也許有人會覺得不做就不會犯錯了，但這樣同時也等於一事無成。透過嘗試跟逐步修正來提升自己，人生必然會比一事無成來得有意義，也比較有樂趣。

所以，不要害怕過去犯的錯或經歷過的挫折，正是這些過程促成了你的人生，也因此讓你的生命變得豐富。

情緒不是壞事，就像檸檬汁單獨喝很酸，但是搭配其他食物卻能提味。

每個人天生都有一大罐濃縮檸檬汁，有人拿來搭配烤魚，有人拿來調製果汁或雞尾酒，也有人拿來做糕點，每個人都有最適合自己的用法。

PART 4　跨越陰影

沒力的故事

人生在世，有時候會遇到很難跨越的關卡，

也會遇到一些糾纏不清的陰影，

該怎麼樣才能放下，始終是一個難題。

當你開始為自己而寫，累積關於自己的點點滴滴，

自我療癒的時刻就會到來。

第一節 沒力的故事

前面分享了沒力怎麼透過閱讀跟寫作來打開自己的世界，這個章節，我想跟你分享一下我是怎麼得到躁鬱症，又是怎麼熬過死亡陰影，最終逐漸痊癒的過程。

有人說人生像爬山，雖然我本來就體弱多病，身體比一般人脆弱，但我始終很積極地調理身體。肉體的疼痛少有擊潰我的，止痛藥跟消炎藥可以解決大多數的問題，再不濟還有中藥；但精神上的疾病對我來說，宛如走入了厄夜叢林，舉目不見光明，伸手不見五指，只感覺到自己彷彿不停在下陷，墜入黑暗。

我有幾次爬山的經驗，哪怕天氣再炎熱，散步林間，看著金燦燦的陽光灑落下來，被樹影篩出點點光斑，那樣的畫面極美，也令人身心愉悅。

晴天時，森林無處不美，但當走到背陰面，看不到陽光，只有昏暗的光線，彷彿會滲進骨頭裡的溼寒冷風就會不停地從四面八方吹過來，尤其是陰雨天·溼滑泥地與隱藏在腳下的樹根石塊，冷不防就會絆倒人，讓人摔得鼻青臉腫。

這樣的路很難走，每一個人的人生路各不相同，腳下走過的路也未必都是陽光燦爛的，也許你也曾遇過連綿陰雨，伸手不見五指的濃霧森林，但願我們都能穩穩地走出陰影，抵達自己。

#原生家庭的印記

我從小的時候就很容易緊張，體現在外的是「急性子」這樣的性格特質，無論什麼事情只要想做就會急匆匆地去做，但由於個性也有些粗枝大葉，並不是特別細心的人，剛踏進職場時，經常犯錯，沒完沒了地重做檔案跟資料，我並不喜歡自己這種個性，花了很多時間才慢慢改過來。

坦白說，雖然知道自己容易緊張，甚至還因此被十二指腸潰瘍及慢性胃炎糾纏多年，但當時的我從來沒有想過有一天，我會被身心症擊垮。

我人生中前幾次焦慮症及恐慌症，都是因為工作壓力而來。因為家境跟閱讀習慣的關係比較早熟，中學畢業就進工廠工作，一直到我二十五歲之前，我經歷了很多種工作，辦公室的工作有，服務業也有，從咖啡館工讀生到自己做網拍開店等等，都有。我討厭失敗，害怕丟臉，有點完美主義，還很愛面子跟怕尷尬，這些特質很多人都有，並不特殊。

早期幾次恐慌症發作，或是搞到胃病，大多是因為消化不了壓力，又誤以為自己必須要為所有事情負責，類似這樣的自我認知偏誤，讓我做事總是用力過猛，回到一個人的時候又總是會反芻那些痛苦尷尬的狀態，在原生家庭長年的轟炸與引導下，早期的我，時常會很用力地想要證明自己。

我希望自己是可信任，可以被依賴的，也希望自己是理智的，更希望自己的存在是有意義，有價值的。

◇

我的原生家庭，因為父母離異的關係，始終圍繞著各種「不信任」，這讓我常常陷入必須證明自己是「有用」的心理狀態，就像一個詛咒一樣，擺脫不了。

在奶奶的口中，我和父親是造成他們很大壓力跟沒面子的原因，她時常遷怒在我身上，動不動就透過責罵我的方式，罵她的兒子，也罵我，她最常說的話就是：「不知道欠我們父女什麼死人債」，這話後面接著的，不是罵我爸如何造成家中的煩惱，就是罵我的存在對她造成莫大的困擾，讓她勞心勞命，痛苦難堪。

她最喜歡的事情，便是在面對著馬路的廚房一邊做菜，一邊對經過的鄰居抱怨家中一切瑣事，我若是做錯了什麼事，也得被她公開處刑一遍又一遍，非得搞得全村都知道，出門被人指指點點。

小村落沒什麼新鮮事，八卦倒是傳得很快，且人人有顆八卦的心，我走在路上甚至時不時被人「關心」，動不動讓我剖析父親不回家，父母離異後我的心情跟想法，這些取材自奶奶的抱怨，加上各種捕風捉影組合而成的風言風語，從小到大一直都圍繞著我。

雖然僅僅只是隔代教養，頂多一兩百人居住的小村莊，我卻宛如生活在監獄中，白天去了哪裡，晚上就會被長輩盤問一番，一舉一動，都有人看著，而我甚至不知道是誰正看著我。

做錯事情時，也常被長輩拿著各種東西揍，鄉下揍小孩是很正常的事情，做錯事打到痛了就怕了，也曾遠遠地被爺爺抓到，一路換工具從路的這一頭一路打到另一端的家，隔天滿身傷痕去上課，又要經歷另一輪同學們的指指點點。

對我來說這樣的家庭令人窒息，我上幼稚園的時候，小姑姑正好中學三年級，等我升上小學一年級時，小姑姑已經因為考不上公立高中而不得不放棄學業去工廠當女工了，後來輾轉去了臺中的工廠，家裡就只剩下我跟爺爺奶奶三個人。

在奶奶日復一日饒舌歌后二十四小時馬拉松演唱會的轟炸下，我的情緒也變得格外極端，我有時會很自責覺得爸爸很糟糕，我也很糟糕，有時又會充滿怨恨，糾結著為什麼父親要把我留在老家，恨他宛如寄生蟲般紮根在大姑姑臺北的家，恨他從不回家，也不上進，甚至沒有一份穩定工作，也恨現實生活中的一切匱乏。

老家其實是個大家庭，曾祖父在我出生前一年過世，曾祖母活到了八十幾歲，他們生了八個兒子，三個女兒，我的爺爺是長子，我的父親也是。

我有很多跟我年紀差不多，或比我更小的姑姑叔叔，但我們並不熟，因為其他叔公嬸婆們，一年頂多過年回來一次，他們的生活是我嚮往的遠方，他們無須面對責打與監視，能看到很多書，能有很多玩具，有爸媽疼愛，而我什麼都沒有。

尤其當過年大夥齊聚一堂時，我缺席的父親與為了逃離我爸躲藏多年的母親，我貧窮的家，以及過度節省晚上連燈都捨不得開的奶奶，時常成為其他長輩閒言閒語的話題。

曾祖母在我上學的時候，身體就已經慢慢退化，直到她死前，有很長一段時間她已經虛弱到只能臥床，連坐起來都很困難了。那個時候，幾個叔公嬸婆大家排好順序，每個人會回來鄉下照顧老人家一陣子。

那時每天放學我得打兩通電話，一通請醫生來打止痛針，另一通則是請另外一個醫生來打營養針。

傳統閩南家庭，又小又偏的村落，我又是這一輩最大的一個孩子，長輩們並不會留意我的想法或感受，又或者他們認為這沒什麼大不了的，當他們圍聚在一起時，往往就是聊八卦的時候，在這樣的場合中我領悟到，只要誰不在場，那個人就會成為大家共同批判抱怨的話題。

#都是為了錢

現在說起這些事情來已經覺得很遙遠了，但那種隨時可能被人叫出名字，接著從頭到尾批判一遍又一遍的羞恥感，想起來還是會覺得喘不過氣來。

我記得小時候也曾跟曾祖母抱怨過這件事，我不懂為什麼大家要在背後說小話，卻難以忽略言詞中的細微惡意與奚落。曾祖母那時候只淡淡地跟我說，「家和萬事興」，要我別輕易跟人起衝突，以和為貴。

這也許是一個生了十幾個孩子的老人家最真實也最樸素的期望，然而我的爺爺跟二叔公還是在某一天徹底鬧翻，兩兄弟一把年紀了還打了一架，兩家撕破臉老死不相往來。

我的叔叔也曾憤怒於我父親的不負責任，我還記得當曾祖母過世後，我爸一直到出殯前幾個小時，才回到老家，當時小叔叔一看到我爸就氣得衝上去揍他，因為他不能接受曾祖母是這麼疼愛我爸，我爸卻沒趕回來看老人家最後一面。

然而幾年後，小叔叔也成了逃避現實的男人，沉迷買樂透、賽鴿跟打麻將，他的小女兒出生當晚，他還在牌桌上，工作也停滯許久，毫無收入。

這樣一個對我來說充滿複雜滋味的老家，我也曾想體諒老人家，曾想試著當一個孝順孩子，只是最後，依然是「錢」，壓垮了我對這個原生家庭的所有期待。

我還記得有陣子我幾乎每兩週就回去一趟，雖然有母親資助，但半工半讀的我，還是常常陷入月光狀態。我以為常回老家看看老人，多做點家事就是孝順，我也試著收起自己的反骨，珍惜這一切；哪怕在這個地方，我有太多不愉快的記憶，有很多黑歷史，有做錯事情的時候，也有充滿恨意與憤怒的時候。

至今我仍然對那一個晚上記憶猶新，那是我頻繁回家的某個晚上，爺爺奶奶的臥室在一樓，因為叔叔那時已經結婚搬出去，他們留下的房間給了小姑姑，小姑姑原本二樓的小房間就給了我，晚上我下樓上廁所，回到屋內拴上門鎖的時候，突然聽見奶奶的聲音。

她問爺爺，為什麼我最近這麼常回家？

爺爺的口氣我已經不記得了，只記得他回了一句：「還不是為了錢。」

當下我就像被五雷轟頂一般，而這句話直到現在還是會讓我羞恥、恐懼並為之戰慄，我並不知道自己常常回家自以為「孝順」的付出，在他們眼中原來也僅僅只是為了錢。

當晚我渾渾噩噩地哭到睡著，隔天一早，我收拾了自己隨身的東西，轉身就走了，接著，二十年都沒再回去過了。

這世界上也許有一些美好的故事是：所有遺憾與苦痛，最終都有一個圓滿結局，而現實卻時常是不美滿的，我自認可以體諒他們的想法跟看法，但我無法接受，也不可能接受這樣的結果。

那個時候開始，我學會切割，把生命中屬於陰影的那一塊割下來，藏進更深的黑暗裡，把生命中屬於光明的那一塊挪過來，我盡量讓自己活得開朗而光明，我也盡量不讓那些痛苦的記憶追上我。

後來因為工作的關係，因為事事求好心切，身心卻跟不上，也承受不了那些壓力，我因為覺得人生實在太累而匆匆與認識多年的前夫結婚，然後又因為金錢問題與重重欺騙而離婚。

原生家庭的苦痛、因為工作而罹患的焦慮症與恐慌症、婚姻失敗、不知是不是因為抗焦慮藥而導致的流產，現在回想起來，除了最疼痛的記憶之外，大多數過去的失敗與痛苦都已經離我很遠了；但導致這些痛苦背後的成因之一，也就是我的恐懼與試圖證明自己「有用」、能為身旁的一切乃至他人「負責」等等的偏誤想法，仍然是原生家庭種在我身上的一個印記。

#我應該……

《抵達自己》第一版出版的半年以前，我和外子正好搬到板橋去住，那時我們還經營著網拍的二手書店，收入並不穩定，為了不讓外子父親為他買下的小套房被法拍，我踏出了寫作教學這一步，我們也第一次開放住家，讓在網路上追蹤我們的讀者來買書。

當時我們破釜沉舟的想法及後續的努力，讓我們有機會開了第一家書店，但也差不多是在那個時候，我的大姑姑，按照戶政的資料，先是找去了小套房的地址，輾轉從婆婆那問到了我們的電話號碼；接著，就像這世上所有的陰影，那些被我隱藏起來的黑洞一下子撞到我眼前一般。大姑姑說，奶奶過世了，要我回去奔喪。

我的父親與小叔叔都不是能夠承擔責任、能夠養家或成為家人口中成熟可靠的存在，老家大多數的事情，是兩個姑姑在處理的。其實我也不懂，為什麼重男輕女的家庭，最終都是這些女兒奉獻了一切，而資源最多的兒子，卻毫無承擔的能力。

那時候，我真的以為，曾經我把那些傷口切割了、隱藏了，把那些黑暗從我的生命中排除，我就能得到自由，也能不再疼痛。但大姑姑的電話把我拉回了那一個晚上，那個我心碎了一地，覺得自己永遠無法承受，也無法原諒的夜晚。

大姑姑的個性強勢，承襲了我爺爺的嚴厲與俐落，電話中我試著語氣輕快地打發她，卻在她嚴厲的聲音中支離破碎。

「我不回去。」

「你們不要再來找我了。」

「我永遠不會回去。」

我那時一邊發抖一邊流淚，還是結結巴巴地放了狠話，大概我們一家子的性格都是比較決絕的，大姑姑生氣地掛了電話之後，就真的沒有再找我了；但我當時光只是想到她住在板橋，我雖然不記得詳細地址，卻還記得大致的路段，我們兩家居住的距離僅僅只有幾分鐘車程，我害怕極了，當天恐慌症就發作了，嚇得縮在外子身邊瑟瑟發抖。

後來經歷了書店與二房東、三房東的總總糾紛，我們收了店，轉去做了出版・再後來因為工作壓力太大，也不適合；總之那之後僅僅只是一年多的時間，發生了好幾件事情，我跟外子發狠賣了小套房，把貓跟家當暫時存在母親那，破釜沉舟地跑去歐洲流浪了一圈。

歐洲的冒險與旅行拓展了我們的視野，卻沒有真正解決根源的問題，當我試著去做點事，原生家庭殘留在我身上的印記，還是在我沒注意到的時候影響著我。

我雖然有躁鬱症的傾向，但大多都偏向躁症，我本來就會恐慌、會焦慮，但在承擔著各種壓力的狀況下，我開始出現一些連自己都覺得異常的行為；像是一碰到電腦就哭個不停，或是某些時候會渾身發抖，恐懼的聲音彷彿催狂魔在我腦海中不停地尖嘯。這些都讓我意識到自己狀況不對。

有位認識的網友姐姐，因為同樣也有躁鬱症，她看出了我的問題不單純，建議我去看醫生。

我向來憧憬冷靜理智的人，自己也努力往這個方向發展，所以當我恐懼不安時，我會試著找書找工具找任何可用的東西來排解自己的問題，若是生病了，就好好配合醫生吃藥，好好休息，把身體養好。雖然在我人生的前半段，我總是時好時壞，身體好一點時會因為太想證明自己是有用的而衝過頭，累過頭病倒了又很容易沮喪不安，這樣的循環來來回回我走了好多年，直至歐旅回國後，我們有幾個朋友接連過世，死亡迫近的感受彷彿刀尖滑過脊椎，冰冷的感覺讓人頭皮發麻。

那時我先是陷入了自己「應該要」做點什麼，「應該要」證明自己的價值，「應該要」讓自己的人生上軌道；我有很多急迫的想法，我也匆匆地做了許多事情，我們爭取了一些機會、做了一些嘗試，接著又開了店，我也重回寫作課的軌道上。

不過由於這時候我們被母親留在桃園，不方便開實體課，我就先從一對一的線上課程開始，那時因為去歐洲旅遊一百多天的關係，透過網路，沿途發表的文字讓我們始終被許多人看著，這也讓我剛開始做線上課程的時候，格外順利。

只是，我依然沒有意識到自己性格中致命的缺陷，也沒有發現自己長久累積起來的壓力及繃緊的弦已經彈性疲乏，從沒經歷過的鬱症，就像一個暴君般，支配了我的一切。

我病倒了。

第二節

憂鬱來襲

#因為我不夠好

在此之前，我從沒真正感受過憂鬱的樣貌。

大多時候我都擔心自己不夠好，做得不夠，我應該要做得更好一些，設想更完整，應該減少失誤，我應該要照顧我身邊的人，我應該為糟糕透頂的一切負起責任，我不想變得像我爸一樣，連自己的人生都無法承擔。

我很容易緊張，很愛面子，在乎別人的看法及評價，因為從小到大我腦海中裝載了許多會自動運行的小程式，我知道如果這樣做或那樣說，別人會如何評價，腦海中有八百萬種批判隨時可以排列組合。

我試著掌控身邊大小事來讓自己有安全感，我討厭爭執，知道自己容易受影響，大多會把自己的生活打造成安定平穩的模樣。

但當我跟越來越多的學生深入接觸，每週和他們聊一兩個小時的課程，聆聽他們的困擾，試著幫他們想辦法解決的過程中，我那個「應該要負責」的下意識想法，在不知不覺間，帶偏了我的想法及行為模式。

剛開始的時候我想著，我都能拋下這一切出國了，這樣破釜沉舟的心情跟旅程中所得的收穫，我想分享給大家，因為踏出去真的沒有那麼難，人生不必自我侷限或否定自己。

後來漸漸地，我開始為學生遇到的事情煩惱，甚至不知不覺誤以為自己應該為他們的情緒負責。

哪怕他們的情緒其實與我無關，既不是因為我而產生，也不會因為我而消滅，但我卻會因為無法為他們排解而沮喪不安，覺得自己「沒用」、「沒盡到責任」。

學生中，有各式各樣的人，其中不乏有一時迷惘需要找到出路的人，也有長年壓抑自己需要人理解的人，但也有毫無病識感，完全不知道自己正處於過度亢奮的焦慮期的人。

他們的訊息源源不斷地傳向我，而我甚至不知道自己可以拒絕，我也不知道其實我可以挑選學生，那時當我發現我陷入焦慮狀態，不僅失眠，還開始有點恐慌的時候，我第一個反應就是去看醫生。

這其實也是例行去耳鼻喉科看診時，跟醫生談到失眠問題，被醫生問了一句是否曾吃過抗焦慮藥？我才注意到自己又開始焦慮了。

只是這一次，旅行前旅行後的壓力、不懂得保持界線保護自己的壓力，過度承擔他人的煩惱等等，還有面對死亡，以及自己到底有沒有能力把跟朋友談好要出版，也已經簽約的圖文書做出來的壓力，讓我狠狠摔了一跤。

#失控的雙極症

剛開始我以為只是恐慌或焦慮，這毛病我經歷過幾回，被我當成跟鼻炎胃病的老毛病，失眠更是從小到大都伴隨我的老朋友，所以我以為只要固定吃藥控制就可以了，直到我的雙極症越來越嚴重，到自己的理智也控制不了的狀態。

最嚴重的時候，我會一下子超級亢奮積極，覺得自己可以做到很多事情，大腦高速運轉，靈感也源源不絕；過了半小時後，整個人突然又萬念俱灰，跌落谷底，覺得自己的存在跟一切毫無意義。我覺得糟透了，從來沒有經歷過的灰暗思想讓我完全無法思考任何事情。

我從小到大，也許有比較低潮的時刻，但大多能自己用理智強行停損，遠離壓力源，然後把自己用文字跟閱讀拉出來；但這一次，再多的辦法都行不通，我驚愕地發現我居然連自己的想法跟行動都無法掌控。

原本長袖善舞的我，在極短地時間內變得極端恐懼人群，沒辦法和其他人說話，連小我十二歲弟弟的臉都無法直視，跟他一起出門吃火鍋半途就落荒而逃（當然我有記得先結帳）。

因為胃病我其實不太能餓，餓個一餐就會衍生出一堆毛病，從前因為奶奶的黑暗料理影響，我向來對美食毫無抵抗力，還曾每逢假日就到處去餐廳享受美食，好療癒過去委屈的自己，但發病後的我毫無食慾，明明會餓但看到食物卻只會反胃噁心，甚至還會想吐。

我原本有許多興趣，不僅僅是閱讀，手作或任何有趣的事情我都樂於嘗試，但在那段時光裡，所有現實的一切對我來說都沒有感覺。

我感覺不到熱情，也感受不到喜悅，就像身上被綁滿了大大小小的鎖鏈與石頭，一路將我向懸崖深谷拉，而我毫無還手之力。

這座憂鬱的高山與峽谷，溼滑而陡峭，即便努力掙扎也找不到可以攀附或延緩下墜的藤蔓，我只能依賴藥物，讓自己陷入長長的睡眠，藉此逃離痛苦。

如果用現在的角度來形容當時的我的心情，大概就是近視一千度，沒戴眼鏡的時候眼前一片模糊，我看不見任何可能性，也看不到好的可能，從小體弱多病卻一直都還滿樂觀的我，最糟糕的時候連書都讀不進去，電影也沒法看。

那時我的生活限縮在自己的房間裡，唯一願意接觸的人僅有貓跟另一半，偶而會跟母親說上幾句話，但大多時間我都躲在房間，要是有客人來訪，那更是只能像小偷那樣躲在房間角落，生怕被人發現。

我控制不了大腦裡面紛擾嗡鳴的聲音，也控制不了自己每天坐著不動心跳卻破百，手抖就算了連說話聲音也抖的狀況。

過往我時常透過電影及閱讀和書寫來排遣自己的心情。我寫了很多文章，包含前面提到的關於老家的事情，關於我的原生家庭我的陰影與恐懼，但一直到了這一次發病，我才知道，原來那些被我隱藏起來的東西，那些我以為我很理智已經解決的問題，只是內化到我的價值觀裡面了。

看不見不代表不存在，也不代表已經消失，很有可能只是用理智去壓制。理智上知道自己不應該在意，理智上知道自己應該讓這一切過去，但是身體不允許。因為身體的承受是有個極限的，那個容量裝滿了、塞爆了，最終炸開了第一個傷到的人就是自己。

我總是反芻過去的錯誤，我以為痛苦的記憶我可以先切割就好，《抵達自己》第一版其實也是我面對過去那個受傷的自已寫的療傷之書。而在真正面對躁鬱症這種極端又狂暴的發作後，我發現問題似乎不僅僅是在沉重的經歷或記憶上，好像那些痛苦的原因，也隱藏在我的行住坐臥間，躲在我的價值觀與日常選擇裡，我想搞懂，躁鬱症是怎麼一回事？而我又該怎麼自救？

#失約的父母

我人生中有記憶以來第一次見到我媽，是在法庭上。

我媽長得特別美，如果以現在的形容詞來說，可說是美魔女也不為過，我弟則是長的像韓星，我自己在歐洲旅遊時，還曾被韓國人誤認為韓國人過（雖然就體型來說是阿珠嬤了）。

烈女怕纏郎，據說當時浪漫的我爸還會在我媽工作的髮廊下彈吉他，乍看之下很浪漫，實際上住在髮廊樓上宿舍的母親與老闆夫婦簡直不堪其擾，只得讓我媽下樓去把人帶走。

他們因為有了我而奉子成婚，我出生剛滿一個月就被母親送回嘉義老家，因為我爸那時候工作一直不順，三天兩頭換工作，工作不穩定就沒有收入，眼看奶粉都要買不起了，我媽只好把我送回老家，她出去工作賺錢養家。

他們的婚姻是毀在我父親的不負責任及暴躁的個性中，當我爸疑神疑鬼，甚至還抽皮帶打她，我媽忍無可忍地跑了，這一跑就是好幾年，我爸四處找她，在那麼早的年代還登報尋人，就是找不到人。

小時候家中僅有幾張母親的照片，合照更是寥寥可數，仔細想來我根本沒有父母同框的照片，我的成長過程，這兩個人往往都是缺席的。

記得是在上幼稚園前一年，為了談離婚的事情，爺爺奶奶穿著幾年也穿不到一次的漂亮衣服，帶著我搭車上了新竹山上。

那時候我根本不知道離婚代表什麼，看著外公外婆家屋裡高高的木樑與周遭的山林風景，滿是讚嘆。我以為，我會見到我媽，但當天我們只見到外公外婆，後來我們在山上轉了轉，就離開了，隔沒多久，判決離婚的法庭上，我第一次見到我媽。

她真的很美很美，是小孩子也難以忘懷的精緻美貌，在等待開庭的空檔，外婆和母親帶著我在樓梯邊說話。我還記得母親說，等之後不管判決如何她都要帶我走，當時我聽不太懂，我還天真的以為，過了這一天，我就會成為有父母的孩子，我們一家會在一起；所以當法官問我要跟爸爸還是跟媽媽時，我理直氣壯地回了一句：「不是都跟奶奶住嗎？我跟奶奶住。」

從法庭出來時我已經沒見到母親了，爺爺奶奶把我哄回家，他們說，晚一點我的父母都會回到家，然而這是個謊言，那一天，母親沒回來，父親也沒有。

一個判決，我的父母與我，分裂成三條無法重疊的線，我的成長過程中，奶奶不停地控訴母親的狠心，也不停貶低否定我。

而我的家人與父母，身體力行地告訴我，這世界上沒有什麼人是真正可以相信的，父母會欺騙也會捨棄你，你是沒人要的小孩，是家中的負累。

我一直以為這個傷痛並不那麼嚴重，而在我發病後那兩年，有一次外子陪我去了趟書店，我挑中了一本跟恐懼有關的書。書中提及，很多人無法跟人建立長久關係，甚至對關係感到懼怕，無法信任他人，常常是因為很早很早以前，就已經受過傷，那個傷可能連本人都忘了，才會讓人不斷地在同一個地方跌倒。

也不知怎地，我忽然想起，從十六歲找回母親，到我自己離婚後又再婚，這麼多年過去，我始終沒有問過母親當年的事，可能是不敢，也可能是害怕如今團聚的生活如美夢，若是貿然去揭開這件事，也許我會失去更多。

在我被爺爺奶奶深夜對話刺傷之後，我就再也不回去那個老家了。

就連跟前夫結婚，結婚登記時必須要遷出戶口，我鼓起勇氣讓前夫騎機車載我回老家，都已經做好最糟糕的心理準備。

例如可能會遇到親戚或爺爺奶奶，例如可能會走不掉。

沒想到回去的時候，大門沒鎖，我放輕腳步走進屋內，發現家裡空無一人，家中的戶口名簿跟健保卡一直都放在同一個地方，就在電視機下面的第一格抽屜，我拉開抽屜，順利找到戶口名簿，然後轉身跳上機車就跑了。

彷彿後面追著一大片烏雲，我必須躲過這場暴風雨，如果跑得不夠快，可怕的黑洞就會吞蝕我一樣。

後來才輾轉從小姑姑那裡聽說，在我決定不回家，徹底與老家決裂後，同一年，我的父親也失蹤了。

當然，在老人家眼中，我大約也是失蹤狀態的。

我們這對父女，相處不足幾日，在我中學畢業之前，我只見過父親幾面，其實我早已想不起他的長相，倘若有天我們在路上擦肩而過，恐怕我們都認不得彼此。

但無論是他還是我，就像這個家裡的劣質品，我們被這個家庭淘汰，同時也捨棄了這個家。

我是在這幾年，才深刻體悟到我父親的難處，他也許如我一般，一心想揚眉吐氣想成功，偏偏性格所限，最終也只是不停地讓老人家失望。

我父親也曾想振作起來，我叛逆期比一般人早，小學三年級就懂得離家出走去找罪魁禍首負責，那時我天真地想著奶奶既然這樣責怪父親，那麼父親把我帶走不就得了？

所以我偷了大人的錢，買了統聯車票，一路往板橋大姑姑家前進。

當天似乎是我才搭車離開，村裡的眼線就把事情報到我爺爺那裡，大姑姑、姑丈跟我父親分別守了幾個車站。

那時大多數從南部北上的車，終點站都在三重，而我在車上跟其他乘客搭訕聊天，聽說我是想北上找爸爸，有個善良的姊姊正好也要往板橋去，我們提前下車，她帶著我轉乘計程車到大姑姑家。

那個離家出走的暑假是我跟父親唯一一次最親近的時光，他當時有了一個小他十來歲的女朋友，個性溫柔，對我也很好，父親那時候試圖振作，很大的原因是因為這個女朋友。

那也是我第一次感受到父親的關心，他們陪著我去檢查偏頭痛與失眠的問題，帶著我在臺北玩了幾天，後來又攜手回了一趟老家。我以為阿姨會成為我的新媽媽，我特別喜歡她，因為她，我和父親的距離拉近了不少。

但這段戀情並沒有修成正果，因為我的奶奶在我小學五年級因大腸癌住院時，要求兩人分手，原因是我父親配不上她，也無法擔負起責任來。

仔細想來，這就如同我滿腔熱情地想孝順，最後得了一個為錢的評價，我父親的振作，因為這段戀情的夭折，也落空了。

事後據說我父親也想過要找我，但被小姑姑攔住了，她擔心父親要跟我拿錢。我在老家所有的美好記憶都跟只大我九歲的小姑姑有關，也是因為她，我才沒有因為奶奶的叨唸自暴自棄成為一個糟糕透頂的廢物，而是拚了命想從痛苦的設定中跳出來。

我不想成為一個沒用的人，哪怕後來因為身心症，我多次陷入宛如詛咒般的低潮，即便如此，我也不想讓她的「預言」實現。

受不了的痛苦，待不了的地方，就走吧！

困在那個永遠得不到肯定，永遠背負著原罪的世界實在太痛苦了，我的家不能給我溫暖，那我自己想辦法建立一個新的，與母親失散多年又如何？我想知道她好不好，那我就試著去找她；婚姻失敗又怎樣？踰越底線的事情沒必要勉強忍耐。我不願相信自己只能拿著錯誤而痛苦的劇本，我相信只要自己夠努力，我可以獲得幸福的家庭，也能身體力行去創造一個溫暖的家。

正是因為透過大量閱讀知道世界很大，所以我才有踏出去的決心，也正是因為知道埋藏著童年與痛苦的深淵有多深，所以我不回頭。

第三節

我想活下去

#為了我所選擇的你們

我曾經覺得，如果原生家庭不能給我想要的溫暖，那麼，我是不是能夠自己組成一個自己的家庭呢？

因為這樣的想法，我喜歡結交各種朋友，在外頭上班的時候，早上到工作場所見到的每個人，無論是熟悉或陌生，都會得到我的笑臉與一聲早安，下班時一一告別也是我的習慣，伸手不打笑臉人，更何況我年紀還小的時候，即便不說話，臉上看起來都還是笑著的樣子，也因此我只要一不笑就超級明顯。

我認識很多很多的人，在不停搬遷的過程中領悟到，無論你過去有多糟糕，只要到了一個新的地方，一切就是新的，你可以重新開始，重新與人建立關係，只要記取上次的教訓，這次的結果一定能比過去好。

這樣的心態影響到我的方方面面，我相信自己可以選擇一個自己想要的家，如果選錯了也沒關係，勇敢離開就可以了，而當我發現原來我內心根植著一個想法是：「連父母都欺騙我」、「連我自己都不可信任」，那麼這世上還有誰能真正信任呢？

這是我對大多數關係雖然保持樂觀開放的態度，實際上卻格外悲觀的根源，我無法聯繫上失蹤的父親，這輩子大概也沒機會釐清他當時的想法，但我的母親卻在我們彼此這些年的努力下，相處得十分和諧。

在被那段話點醒後，我追溯自己無法信任他人，也無法信任自己的源頭，最終意識到，也許是離婚那天母親的允諾，與後來的失散，讓我即便以為自己可以改變，內心卻還是有個疙瘩，有個心結解不開、過不去。

終於有一天我忍不住問她離婚那天的事。

出乎我意料的是，不僅是我對當日的經過記憶猶新，母親也是。

當我鼓起勇氣硬著頭皮問她：當初不是說要帶我走嗎？為什麼最後沒有時，母親說她跟外婆從法庭出來就看不到我了。

記憶中的時間順序因此對上，我想起當時似乎是法官問完我後，老人家就把我哄回家了，他們讓我先回家，說是父母隨後就回來；而母親雖然捨不得我，但好不容易擺脫這段婚姻，她也不願再糾纏不清，所以判決結束就走了。

說也奇怪，我明明曾經格外怨恨父母對我的不聞不問，但當母親這樣說的時候，我心中一塊大石頭放了下來。

原來，她不是真的想拋棄我或是想騙我，原來當初她真的願意帶我走。

我當然無從判斷到底是留在老家還是跟著母親走，哪個比較好？因為假設就只是假設，現實人生並沒有更好的答案，雖然經過了一些波折，但我們重新建立起緊密的關係，這樣就夠了。

後來我漸漸從母親的態度中知道，對她來說我跟弟弟最重要，而我也在承受極端的躁鬱症侵蝕時發現，穩穩支撐著我的，讓我可以再撐一下的，除了外子堅定的愛之外，就是母親不擅言詞但付諸行動的支持。

在爺爺奶奶眼中，我身上的一切疾病與不適，都是必須試探考證的謊言，而在母親跟外子眼中，他們接受了我最糟糕的這一面，理解我的難受與痛苦，也因此，在我被引發劇烈的情緒與致鬱，卻不自覺的價值觀逼到死角時，與他們之間的羈絆緊緊地抓住了我。

雖然每天都好想死，但我還有很多事情沒有做，為了母親跟外子，我想活下去。我不想被疾病打敗，我不想一輩子都在陰影中，我想逃離痛苦。

#想逃離的只是痛苦

跟躁鬱症共處，其實不是所有時間都在嚴重發病的狀態，我原本就有寫日記的習慣，遇到難解的問題有時也會想辦法用文字梳理到順，因為這個習慣，我的病識感比一般人更強一些，久病成良醫，我在長年的調養中理解了自己身體各種不堪耗損的部分，學習著跟自己身心共處。

也因此，我很快就發現，我頻繁發作的時間大多在秋冬，只要連續一兩個星期的睡眠品質不穩定，睡得不夠，或是太過淺眠，激烈的情緒就很容易冒出來。

人的大腦因為會自己找事情忙，所以當一個人有了焦慮症，就會很容易陷入習慣性焦慮的框架中。我們會反覆煩惱類似的事情，就好像一個感應器，感應到某個波頻就會有反應，也像警報器一樣，會不停發出尖銳的聲音與光線，我們的焦慮跟煩惱也是如此，會不斷嗡嗚且消耗身心。

這些生理跟心理反應超出了理智的控制範圍，也就是說，除了吃藥鎮定之外，其實沒什麼太好的方法去處理。

有些人的身心問題是不懂自己哪裡出問題，也沒有足夠的病識感，有些人則是日常壓抑太多，需要找人談談，我自己並不排斥與人談心事，但從小到大寫日記寫文章的習慣早已讓我學會各種梳理的技巧。

我在躁鬱症完全爆發之後的第一年狀況是最糟的，沒發病時一切都很好，發了病一切都很糟，無法自控的感覺就像不停往下墜的惡夢一般，讓人深陷泥淖，爬都爬不起來，後來漸漸地，狀況穩定下來，再後來通常是一年之間有幾個季節狀況比較差，其他時間還好。

我並不需要任何人來疏通我的內心，倒是控制不了身體狀況讓我身心俱疲，所以在跟醫生接觸的時候，我會仔細回報吃藥的狀況跟穩定程度，這個習慣讓我很快就掌握了控制藥量的訣竅。

隨著時代進步，近幾年關於情緒跟各種身心症的書如雨後春筍般出版，大多數人，尤其是有一點年紀的人，經歷的事情多了，回頭觀看自身經歷與陰影時，大略都能抓出自己的癥結，差別只在如何接受自己的狀態，如何改變自己面對這些事情的方式罷了。

從這些書中，我一遍又一遍地去調整自己，檢查自己，也透過寫作來對照，透過梳理來抒發，然後我發現了，每當你願意去談，這可能是你開始正視問題的時刻，而當你願意去寫，你可能就到了可以解套的階段。

吃藥能夠控制睡眠，能夠舒緩情緒，這都是跟自律神經及身體狀況比較有關的，但吃藥無法讓你避開自己壞掉的情緒迴路，也無法讓你一勞永逸。

關於自己人生的酸甜苦辣，從來就沒有什麼一勞永逸。

越是強求速戰速決，就越是把自己坑得更慘。

一年又一年的，當你經歷越多，當你理解自己越深，你會慢慢接受，讓時間洗去你的憂傷與痛楚，時間會讓傷口結痂，書寫內在與心中的痛苦，有點像是拆開傷口已經崩裂並且滲血的紗布，把傷口清乾淨，然後重新上藥包紮。

有時候這個傷口可能一次搞不定，可能同樣的事情你必須一遍又一遍地寫，直至時間與多次的照顧，讓傷口慢慢痊癒結痂，光只是逃避傷口是沒有用的，療傷只能自己來。

也因此，你必須為自己創造機會，讓自己有機會可以從深淵中逃出來。

#一張刮刮樂的轉念

我自己因為體質的關係，時常受到神明的照拂，無論是寺廟神社還是教堂，在任何一個這樣的環境中，我都能如魚得水地感受到寧靜與放鬆。而因為長年收入不穩定的關係，我其實挺喜歡求神拜佛的，尤其愛拜招財的神明，有一年很特別的，無論去哪個寺廟，神明都讓我買樂透。

我自然也是做過中樂透的美夢，誰不渴望從天而降一筆財富，讓生活完全無後顧之憂呢？但偏偏我平時偏財運普普，刮刮樂十張有九張不中，手氣算是不太好的，不同廟宇的相似訊息讓我有點疑惑，也有點啼笑皆非，因為當我踏進彩券行，隨手挑的彩券依然是不會中獎的。

然而就在那年冬天，有一天我的狀況特別糟，我跟外子大吵一架，整個人的精神繃得緊緊的，幾乎就在崩潰邊緣，滿腦子嗡嗡作響全是負面想法，好想逃離痛苦，好想死，好想結束這一切，像這樣的聲音彷彿惡魔的呢喃，而且還是立體音效，讓人逃不開也躲不掉。

當下我實在無法再接觸任何人，乾脆悶頭一個人走回家，那時我們還住在桃園市中心，自家開的書店就離租住的房子幾條街，當我被各種負面念頭搞到快崩潰的時候，我從書店走到了街口。

這個路口很特別，其實距離熱鬧的夜市還有一小段路，但左右兩排店面都有彩券行，馬路上的車很多，我不得不停下來等車潮過去，這時，一個聲音在我心中響起：

「買張彩券吧！」

「反正都要死了，再給自己一次機會怎麼樣？」

「反正都不會中獎，只是買張彩券不花時間的。」

這個念頭很可笑，我很少中獎的。

但我躊躇半天，最終還是轉進了一旁的彩券行，隨意挑了一張，我也沒急著刮開，付了錢就把彩券揣進包包，等過了馬路，進超商買了一瓶常喝的紅茶，這才在狹小的位子上坐下來。

刮開彩券的當下我是不以為然的，但是十分難得的，這張隨意挑的彩券中獎了，面額一百元的彩券中了五百元，原本已經把我堵得喘不過氣的陰影，就像被按下了暫停鍵一樣，我一邊為自己居然中獎而哭笑不得，一邊恍如隔世地想著，我為什麼想要去死啊？

我只是想逃離痛苦而已，我只是不想要再這麼難受地繼續下去了。

死亡是唯一的路嗎？是唯一的解答嗎？

現在回想起來，買樂透這個行為，打斷了我原本一直瘋狂跳針的封閉迴路，原本以為的唯一解答被打上問號之後，要再鑽牛角尖就有點困難。

被打斷的思緒就像被打斷的靈感，不是每一次都能接回同一條線的，我遲鈍地回想起神明的建議，因為每進一間廟宇腦海中就會浮現要我去買樂透的念頭，剛開始以為是多心，但次數多了就免不了有些在意，但當我真的在絕境的路口轉進彩券行，行動打斷了想法，我也斷了這個想不開的念頭。

之後，我逐漸從每年一段時間吃藥，變成長期吃藥控制，但像那年這樣宛若絕境的尋死念頭，卻離我越來越遠，死亡的念頭徹底地從我的清單中劃除，不再是我痛苦時解決問題的選項。

這一切，就僅僅只是，再給自己一個機會，僅僅只是讓自己稍微轉移一下注意力而已。

#抵達自己的沒力

這之後我開始思考，既然我能逃開第一次，那麼，是不是我能循著線索，深入自己的內在，搞清楚自己究竟為何生病，找到失控的根源呢？甚至我能不能擺脫這些問題，讓自己不再發病？

在我糾結如何判斷這到底是普通焦慮還是躁症時，我的醫生告訴我：當你覺得自己天下無敵時，這可能就是躁症；反過來說，當你覺得自己什麼都不是，並且看不到任何路，那可能就是鬱症了。當然這是我用我的方式記錄下來的，醫生的說法會更專業一些。

之後，為了消耗掉躁症時豐沛的能量，我開始試著去做一些需要同時使用雙手跟眼睛的事情，例如手作或繪圖，因為只要你試著專心做一件事情，其實就沒辦法想其他事了，雜念與專注無法並存。

而為了擺脫鬱症發作時，無法控制自己念頭而被捲入的鬼打牆地獄，我試了好幾個方法，原本我很喜歡看電影，但因為恐慌症加劇了我的尷尬癌，所以看電視電影只要一緊張我就想跑，反而靜不下心來。

但是看小說的時候，我卻會因為容易入戲，而且不用像電視電影一樣，只能依循影音的速度，無法自己控制。我閱讀的速度很快，一旦開始看小說，整個人就會沉浸進去，這其實跟我小時候愛看書是一樣的。

我能在一個半月看完九十本的九歌兒童文房，看的全是小說故事，所以當我意識到小說的世界節奏自己可以決定時，每當我不得不臥床休養或是鬱症又冒出來時，我就去找幾百萬字大長篇的小說慢慢啃。

躁症的時候消耗一些體力跟精神力，鬱症的時候讓自己入戲沒辦法思考劇情以外的事，再搭配寫作與閱讀，我就這樣一點一點地，離開躁鬱症那片恐怖山谷。

如今我仍然會因為其他身體問題跟躁鬱症連動的問題而必須吃藥，但更多是為了穩定睡眠品質。睡眠充足且穩定，精神也會變得格外安定。若是遇到好發期，身體隱隱約約有種顫抖的感覺時，我就乖乖吃些抗焦慮的藥，舒緩那些焦躁的狀況。當身體穩定下來了，心理的負擔會變輕，當心理負擔變輕了，要解決生理的過度反應也相對簡單。

我爬梳了自己的價值觀與隱藏在行動跟焦慮背後的原因，我試著學會課題分離，試著放下吃力不討好還坑自己的「負責」，與拚了命想證明自己「有用」的想法。

這個過程很難，也很慢，因為價值觀這樣的東西，其實是隨著成長螺旋式長出來的，記憶與經驗還有過往的知識纏繞在一起。要想抽出一個不適合的價值觀其實並不容易，但是要用好的價值觀去取代卻相對簡單些，慢慢來，慢慢調整，就會一天比一天好。

我曾有個總受情緒困擾的學生，每次都會為自己的情緒失控崩潰，但當她理解自己真實的情感需求與為什麼會有這樣的情緒之後，漸漸地，她卡在這些情緒裡的時間變短了，從沮喪中走出來的速度變快了。

雖然還是會有情緒不穩的時候，但從剛開始只是提前五分鐘結束情緒，後來漸漸不再為同樣的事情反應過度，她的文章忠實地記錄了這一切。每當她回顧自己的文章，驚訝地發現自己居然曾經那麼情緒化時，她也終於能夠客觀地看見自己的成長與蛻變。

只要能夠比過去好上那麼一點，哪怕只有〇．〇〇〇一公分，也是進步。

我們從牙牙學語到長大成人，從學習社會生存法則到累積生存經驗，從生命的起源到如今，也許你曾經受過傷，摔過跤，也許你有不為人知的痛苦，那都沒關係，我們也許曾經被迫或不自覺穿戴上不適合我們的「價值觀」與「糾結」，但當你隨著文字往自己的內在深入，最終你會發現內心是很強大的，自我也是。

你越是去試著理解自己的情緒跟想法，試著去理解包容自己受過的傷，經歷過的事，你就越會發現，人生漫漫，並不需要成為另一個人，也不需要完美，你只要走回自己的內心，和你自己站在一起，不管是什麼樣的經歷，最終都會讓你更加完善，當你抵達自己，也就是你新人生的開始。

過往的種種陰霾或考驗，會成就你，為自己寫下的字句也會引領你，而人生的解藥，就藏在你的本我中。

那是不需要被別人的評價批判，不需要經過鑑價，不需要特殊資格，僅僅只是你願意去接納，就能被接納。

而你所有的想法與特質，也都會成就你自己。

所謂的抵達自己，僅僅是走過那些荒蕪陰暗的小徑，回到自己真正該去的地方，回到自己的內在，和自己站在一起。

我做到了，相信，你也可以。

PART 5　沒力寫作課

談談寫作與人生

面對的人生問題看似不同，

其實回歸到原點，都是一樣的。

第一節——沒力寫作課的三條守則

十年前出版的《抵達自己》，有了製作新版的機會，也因此，如果你有看過最初版本的《抵達自己》，會發現兩本書不太一樣，新版我把大部分的章節都推翻重寫過了，也加入了許多新的內容。

推翻過去舊的內容並不是因為過去不夠好，或是否定過去，而是我既然已經多累積了十年的經驗，也在跟學生接觸的過程中，累積了更多的想法跟更好的教法，那麼我當然要好好地把最好的東西端出來。

我比以前更知道怎麼舉例能讓人容易理解，也比過去更知道該怎麼分享，認真努力地做好一本書，不僅僅是給讀者，給學生，更是對身為老師的我的一個「交代」。

心靈寫作、心靈書寫，描述自己的人生經歷，沉澱自己的所有累積，本來就是寫作的一部分，而有了第一本關於書寫心靈的書之後，這一本我希望它是很輕鬆容易入口的，但也同時能夠去包容那些黑暗跟不那麼好的部分。

因此我坦白了自己生病的經歷，也把自己的黑歷史寫出來，因為無論好壞，人生的一切經歷與選擇都會滋養我們，也能在療癒自己的過程中，療癒他人，這也是文字與故事最神奇也最特殊的部分了。

在這本書的前半，我花了很多篇幅介紹該怎麼開始寫作，中間我分享了自己的人生故事，那麼接下來，我想跟你分享我在線下線上，接觸過上千個學生後的一些小建議和分享。

如果你的人生進入迷霧期，我誠摯地希望文字能夠成為你的引路燈，帶你平安順利地走出混亂，重見光明。那麼接下來要先跟大家分享我從課程中體悟出來的，幾乎可以套用在每一個人身上的三個守則——**不否定**、**不限制**、**不比較**。

這三個守則很簡單，但真的要徹底執行也有點難，因為你必須不斷地拒絕自己過去的壞記憶跟壞經驗，你也必須常常提醒自己試試看，但這幾個守則是只要你起心動念想改變，想嘗試看看，就會為你的人生帶來很棒的改變的。這三個守則幫助過很多學生，我希望它也能幫上你。

在此之前，只要先理解這三個守則的基本原則就好，順其自然地接受，順其自然地實踐，就會走向你想要的人生。

#守則一、不要否定

不管你寫了什麼，做了什麼，過去有什麼黑歷史，有什麼糾結或害怕的事情，當你願意寫下來的時候，其實就是面對跟接受的開始。

唯有面對才能知道自己對面的怪物是什麼，了解自己為什麼會產生這些情緒或想法是很重要的事情，而你經歷過的事情，無論對方是有意還是無意，無論別人是利用還是不自覺，當你覺得受傷害的時候，就是受傷了。

無須否定自己受傷這件事，也不用為自己受傷而慚愧，你必須是這個世界上第一個站在自己這邊的人，越是難以承受的傷痛，越要了解，受傷不是你的錯。

同樣地，如果你不小心傷害了別人，如果你覺得自己曾經做錯決定，衝動的行為或脾氣傷害到他人，你很抱歉，也很沮喪，這時候也得好好地整理自己的心情，把事情仔細寫下來。

不要寫沒幾行就覺得太糟糕了而停下，好好地把事情梳理過一遍，去理解自己為什麼會這樣衝動或是難受，爬梳當時的心情，釐清現在的狀況，若是傷害到別人，等自己情緒穩定下來之後，再去解釋，會比一開始就壓抑自己的脾氣硬梆梆地去道歉或彌補來得好。

因為當你還搞不清楚自己為什麼反應會這麼大的時候，當你還沒有好好地疏導情緒的時候，道歉跟彌補都很難達到很好的效果，有時候反而是把事情弄得更擰，造成更多誤解跟衝突。

寫作就是在自己跟情緒之間，稍微拉開一點距離的方式，因此坦然地接受自己有「情緒」，接受自己就是有「這樣的想法」，或是「那樣的個性」會比較好。

不需要因為覺得自己個性太極端，或是脾氣太暴躁了就否定自己的想法，動不動就認為自己這樣不對，那樣不可以，這種一路踩煞車的想法未必能讓你更輕鬆，有時候反而會成為渾身僵硬、寸步難行的原因。

曾經糾結的想法，寫就寫了，反正別人也看不到。

原本我們就能選擇哪些文字公開，哪些文字不公開，所以不必為了怕傷害別人而急巴巴地毀了它，因為有很多人光是因為害怕自己的文字傷害別人，就已經不知不覺地壓抑自己，自己先傷害自己了。

所以，不管你寫出什麼樣的文章，寫出了什麼樣的心情，也許你會懊惱、會沮喪或是為自己的想法不好意思，請千萬記得，不要刪掉，即便是現在沒辦法馬上面對的東西，好好保留下來，之後都會派上用場。

首先你得先把現在的心情誠實地記錄下來，這樣以後要是不小心陷入深淵，就能成為讓自己從深淵中逃生的關鍵。

#拚命批判自己不是獲得幸福的方法

很多人常常會站在批判者的角度，預先審查自己，因為害怕被別人批評，所以他們時常自己就先批判自己，嚴厲的程度，彷彿是有人拿著小本本在扣他的存在價值，做錯一件事就扣個五分、做錯那件事就扣個十分。其實分數多寡，私底下是否完美，都無損你的存在意義。

因為存在本身就是意義，也不是每件事情都非得跟人比不可，人們常說的螃蟹族，通常都是那些見不得人好的人，見誰上去就要扯下來，見誰開心就要去攻擊他們，但很多人自己就是自己的螃蟹族，就是傷害自己的暴君。

不僅僅是不看好自己做任何事，甚至常常質疑自己。

當大多數人總是期待著家人與親朋好友甚至是外人的肯定的時候，這些人，往往都比別人更殘酷地對待自己，很多時候不管是想去學一門新的學科，想去讀書或是想換工作，甚至只是想要培養一個新的興趣，他們都會對自己有很多質疑跟否定。

總是懷疑自己不適合，總是覺得自己做不到，卻很少鼓勵自己試試看。

還有更多人，甚至是覺得自己天生就是沒有某某能力，覺得自己天生比別人差，覺得自己絕對不可能做得好，覺得如果可能會失敗，乾脆一開始就放棄好了，就不要努力好了，以為這樣可以保護自己不受傷。

但是在這些掙扎猶豫的過程中，那些自己對自己嚴苛的批判與拒絕，那些自己對自己兇惡的否定，就是傷害自我最大也最可怕的罪魁禍首了。

為什麼單單只是寫個幾篇日記跟文章就要責怪自己做得不夠好呢？

為什麼只是心裡偷偷想著想要寫作，想要療癒自己，就要否定自己，覺得自己做不到呢？

明明都還沒有開始嘗試不是嗎？

一個醫師的養成至少需要醫學院加上實習動輒七八年的學習才有可能成就，一個作家當然也是，從開始閱讀，到嘗試創作，誰都不可能第一篇就寫出曠世鉅作，也不是第一篇文章出現了一個錯字就此萬劫不復，這一切都沒有那麼嚴重的。

而且重點也不是在於有沒有錯字，或是寫得好不好，而是你願不願意給自己機會？願不願意讓自己開始？

如果你不願意，那是你自己先扼殺了自己的機會，並不是別人擋住了你美好的廣大前程。

如果你願意，那麼又為什麼要一直抗拒跟阻擋自己呢？

我有個學生天生全盲，他的文字細膩優美，但他總是因為自己用點字轉換軟體，有時候會打錯字而沮喪不已，一般人不以為意的幾個錯字對他而言像是天大的打擊，但他的存在與創作本身就很激勵人心，這也是從他的角度，很少看見的一面。

明明已經很努力了，明明真的很棒，很努力地活下去，也創作出很棒的作品，卻還是會忐忑不安，但他其實已經夠好了，缺乏的僅僅只有認同別人肯定他的聲音，把那些好的聲音放大而已。

這個天生全盲的學生是比較極端的例子，但我在教學的過程中，時常也可以聽見來自四面八方、個性背景都不同的學生說出一模一樣的話。

明明是那麼想創作的人，卻常常惶恐地問我：

「我夠資格嗎？」

「真的可以嗎？」

「你是哄我的吧？」

「我不可能啦！」

「我做不到吧？」

我總是可以從他們的問句中同時聽見需要被肯定，還有恐懼被否定的聲音。

有些學生甚至在交作業給我的時候，劈頭第一句話就是批判自己的不是，說自己作業文章寫得很差，很沒有邏輯或是流水帳等等，常常我連看第一個字都還來不及，就已經被他們的沮喪跟恐懼的碎念給淹沒了。

但當我打開作業，認真地逐字看下去，卻會發現他們大多數人的作品都沒有他們想像的那麼糟，有些甚至寫得非常精彩美妙，讓人看了會心一笑或是為之揪心等等，一點也沒有他們講的那麼糟，當然也沒有那麼爛。

但是這些人，就是這樣懷抱著恐懼，不斷地否定自己，他們總是說別人都沒有給他們肯定，可是更多時候我看見的，總是他們不信任別人的肯定，卻相信生命中曾經偶然出現的一兩次否定。

他們信任別人的否定遠遠勝過於別人的肯定，於是常常不自覺地收集惡劣的言語來攻擊自己，毀壞自己的夢想跟可能性。

所以無論如何，不管你寫出了什麼，也許很中二、很白爛，也許現在的你覺得一點都不好，可是沒有邁出第一步，就不可能走到第一個一百公尺，更別說是幾公里路了。你總得給自己機會——而這個機會的前提是：請你千萬不要否定自己。不要否定自己的創作，不要否定自己的人生，更不要否定自己這個人。

這非常重要喔！

#守則二、不要限制

誠如第一條守則「不要否定」裡提到的一樣，不要一開始就說不可能，也不要一開始就說做不到。不需要一開始就幫自己設定好範圍，要求自己像在著色本塗色一樣，不能踩出去或是畫出去。

框架或限制這樣的東西，大多是協助人可以快速上手、掌握重點，但並非金科玉律或是永遠不能調整修改，當你理解了某項東西具備的基礎元素，並且順利上手之後，就不需要過度依賴框架，甚至被框架限制住。

一般拿起毛筆學書法時，「永字八法」是大多數人首先會面臨的第一個框架，這個字之所以廣為書法練習使用，便是因為裡面具備了大多數字體的走向與寫法，只要你能掌握基礎的「永」字，大多數的字都能順著寫出來，楷書練熟了之後，要學會寫行書或其他字體都會簡單得多。

學會了「永」字之後，並不代表你這輩子從今以後拿起毛筆就只能寫這個字，所以為什麼要因為過去曾經覺得自己沒有天分或是沒學過，就拒絕寫「永」以外的字呢？

而如果你一開始就寫不好「永」，或是根本不喜歡這個字，那麼是不是我們也可以跳過「永」字，直接先去學自己的名字怎麼寫呢？

我的學生時代有個學長的名字很有趣，在我們那鄉下地方，大家的名字很容易互相模仿，例如我本家姓黃，曾祖母過世時我負責整理白包，就看到了一系列黃金系列的名字，從黃金獅、黃金虎到黃金財、黃金富等等，可說是花樣百出，而我這個學長的名字叫黃金全。

一般人刻好印章時，拿著印章可以看到反過來的名字，但黃金全三個字不管怎麼翻轉其實看起來都是一樣的。而最有趣的則在於，這個同村的學長把自己的名字練得特別漂亮，若說他平時的字跡是小學生等級，他簽名時候就是書法大家等級。我曾問過他為什麼只練本名三個字，他的答案是：因為簽名的時候最需要展現魅力，讓我們一群朋友啼笑皆非。

學長並沒有追求每個字都要很完美的想法，但哪怕他的名字有點土，他也讓這三個字變得有點帥氣。

現在是個資訊發達的時代，很多東西都可以從網路上、書上，找到新的可能或新的作法，所以真的不需要限制自己只能這樣或那樣，我們可以順應自己的需求去調整自己學習或發展的方向。

#下意識的拒絕通常源自恐懼未知

如果有心、願意努力，基本上大多數的事情是沒有做不做得到的問題，想做都做得到，只是不一定都做得好，效果也各有不同。

不要限制，不僅僅只是不限制自己有沒有機會、有沒有可能去做到什麼事，還包含不要連看都沒看清楚、連接觸了解都沒有，劈頭就說：「我不要這個、也不要那個」。

你至少得看清楚眼前的選項有哪些，大概都是長什麼樣子？

這世界上有很多東西其實是要去經歷了、試用了才會知道，就像一件漂亮的衣服或一雙皮鞋，即便剪裁得很好版型完美，也得實際穿穿看才知道適不適合自己？合不合腳？

若是設計圖一直停在第一筆，甚至沒做出來，那我們要怎麼確定是否可行，能不能用呢？去某地旅行，也要先收集資料或是看看旅遊書，甚至在網路上或ＩＧ上搜尋看看，才能知道當地的風景可能是怎樣，有哪些特殊景點。

有些人因為想像力充足，加上相應的知識與記憶庫、資料庫充足，所以可以在還沒看到事情或物品全貌之前，就能透過想像跟假設來確定自己要不要、是喜歡還是沒感覺？

但是大多數人常常因為沒有相關知識基礎，身旁可能也沒有從事相關行業的親友能夠給予建議，在面對未知的時候，下意識就拒絕，以為自己「不要」。

這種時候的拒絕往往是因為害怕受傷或變動，害怕未知的事物。總是得等到哪天看到那些未知事物真實的樣貌時，才會驚覺自己錯過了什麼，才會為此懊惱、後悔。

所以在真正去嘗試或是看見答案之前，為什麼要急著拒絕可能性呢？

為什麼一定要限制自己只能這樣或那樣呢？

關於寫作，你不需要限制自己一定要像很多作家一樣三更半夜寫稿，也不一定要得了憂鬱症、躁鬱症才能創作，更不需要用最昂貴的材料或擁有什麼程度的財力，當然也不需要每天去泡咖啡館談創業或談寫作。

再怎麼瑣碎無聊的題材，都是自己的經歷與想法，都值得珍惜，當然更值得好好地寫下來，好好地探索。

在人生的路上也是一樣的，來了一個有趣的工作，沒經驗也沒做過，可是好像很有趣，也有點想挑戰，但真的完全沒經驗也不懂怎麼辦？

那就「做中學」吧！只要邊做邊學不就好了嗎？

不需要覺得自己沒經驗沒有自信就把一個好機會排拒在門外，因為自信這種東西其實是靠自己日積月累養成的，在累積自信的過程中，嘗試與失敗和調整都是必須的，如果你連試都不肯試，那就一輩子都不會有經驗，如果因為害怕失敗而不敢嘗試，也不會成長。

同樣地，經驗這樣的東西也得加上知識，才能真正發揮功效，否則經驗也就只是別人口中的故事，隨意聽聽，聽完就算了，很難內化成自己資料庫的一部分。

沒頭沒腦就把可能性拒之於門外，其實是不自覺地在浪費自己的人生。

寫文章也是，不需要一開始就說，喔我寫不來小說，或是一開始就說自己寫不出幻想的文章，或是寫不出真實的文章等等，因為各種文類其實都是靠累積練習來學會的，想寫小說就要多看小說，想寫詩就得多讀詩。

累積相關知識，也累積相關經驗，慢慢就能掌握訣竅，順利上路。

但如果明明很想創作卻一本書都不敢看，或是只肯看書卻不肯提筆創作，這樣畫地自限，只會讓自己陷入一種沮喪的低潮，甚至還會讓人覺得是因為自己資質較差所以才沒辦法做到，卻沒有發現，其實是自己斬斷了自己的可能性。

如果你願意給自己機會，願意在遇到一個機會的時候，想著：「我試試看」，而非「我做不到」，一點一點，人生就會跟著改變喔！

因為在我看來，命運啊，命是性格，運是選擇，人生原本就是命（性格）跟運（選擇）五比五的。如果你依順自己的性格或惰性，久而久之你的命就會影響到你的運，但如果你願意用不同的選擇來嘗試可能性，時日一長，你的性格跟命運都會隨之改變。

就像前幾年很夯的吸引力法則一樣，當我們明明希望成功卻總選擇失敗的選項，到最後在前方等待我們的必定是失敗。但當我們希望成功，希望自己可以成為一個什麼樣令人稱羨佩服的人，而我們也真的努力去做選擇，去嘗試了，也願意沿途修正，幸運女神自然會站在成功的這一面等待著你。

#守則三、不要比較

不管你寫出了什麼東西，不管你的作品品質如何，也不管你崇拜哪個作家，請你千萬千萬不要跟他們比較。

你要知道，那些知名的作家幾乎都是累積很久的能量，他們可能長久以來一直持續著閱讀、歷練與創作。

在你喜歡上這些作家之前，他們其實已經努力很久了。

他們真正讓你驚豔的，不管是第一部作品還是最後一部作品，在那前前後後都有很多他們的努力跟累積，讓他們寫出了很棒的作品。作家的努力化為文字，但我們卻很難從字裡行間完全看出作家為此所付出的努力及代價。

我很喜歡宮部美幸，喜歡她作品中溫暖的人情味，她是在出社會一段時間之後才去上講談社主辦的小說課程，後來得獎出道後又陸陸續續得了許多獎項，很早就大紅大紫，作品產量也十分豐富。

我也很喜歡東野圭吾，東野圭吾大學畢業後白天去當工程師，晚上以推理大獎作為目標努力寫作，但他並非一出道就一帆風順，作家之路有些坎坷。

他在第一次得獎的十四年後，才終於得了第二次獎，這之間的時間作為一個職業作家，為了生活他嘗試寫了各式各樣的題材跟故事，因此當他後來終於紅起來後，大量的作品影視化讓他的事業迅速攀上高峰，前些年暢銷的《解憂雜貨店》更是人手一本。作為一個作家他非常成功，但他過去經歷與累積的一切，也不是一般人能輕易做到的。

這些你所迷戀的，你所喜歡的作家，他們不該也不是你有沒有資格創作的門檻。並不是一定得寫得跟他們一模一樣才能創作，也不是一定要跟他們不相上下才叫有天分或有能力。

你喜歡的這些作家們，你崇拜的這些前輩們，應該是你旅途中的一個景點，在漫長的人生旅程中，總有一天你會走到他們身邊，總有一天你會走過那些景點，但是他們並不是你旅程的終點，當然更不是阻礙你出發的門檻（起點）。

如果自顧自地把喜歡的作家或是崇拜的對象，當成判定自己有沒有資格的規則，其實對那些我們所敬愛的對象是很不公平的，因為在這個過程中，我們已經下意識認為那些厲害的人們，不需要努力就可以達到這種程度，而我們在限制自己、批判自己、檢查自己的時候，其實也完全忽略了「努力」跟「累積」的重要性。

每一個小孩子剛開始學寫字的時候，通常都是很挫敗的，光是注音符號就歪歪扭扭，從開始學寫字到寫得出端正的字，需要很多很多練習，這裡頭包含了手跟肌肉的力氣與控筆的技巧等等。

而從ㄅㄆㄇㄈ到完整的字，也需要一兩年的時間，從簡入繁，其實並不是憑空得來的，而是一點一點學習與練習得來的。

在這個學習的過程中，當然會有寫不好或是寫錯字的時候，小時候的我們若是寫錯字總是會毫不猶豫地就用橡皮擦擦掉，但是長大之後的我們，卻對自己不懂也不會的東西充滿恐懼，別說是去嘗試寫錯字了，連拿起橡皮擦都需要勇氣。

但其實，就如同一個牙牙學語的孩子一樣，從零碎的聲音，到單字乃至於完整的句子，甚至有一天能夠開始書寫文章，這些過程就是涓涓滴滴的努力累積而成的。不要忘記自己也有努力的能力，也別忘了，聚沙成塔，點點滴滴的努力最後總會變成腳踏實地的實際成長。

第二節

寫作與人生

#人生道路上的三條守則

不要否定，不要限制也不要比較，除了用在寫作上，也可以用來重新設定自己的人生。在每一次想要拒絕面對自己的弱點，或是渴望卻不敢做的事情的時候，記得回頭想想這三個原則，想想自己為什麼要這樣侷限、逼迫自己？

如果有些選擇是為了讓我們更好，那麼你當然可以守護那些選擇，但是如果有些選擇是讓我們更恐懼更退縮，也更不快樂，那為什麼要緊緊守著這個充滿擔憂與害怕的恐怖箱呢？

為什麼不嘗試放下手上的箱子，讓自己回歸到空箱子的狀態，仔細地挑選，好好地裝進我們想要的美好呢？

人們之所以會擔憂或恐懼，通常都是因為心裡已經有一套標準，而這套標準，不管是來自父母或是身旁的親友，能夠派得上用場而且一直運作，其實靠的都是我們內在對於這些事物的信任與認同。

搞清楚你需要「誰」的認同，搞清楚你真正在乎的是誰的意見很重要，但最重要的是，這些認同最後應該要放進你的心裡。

如果你不自覺地認同那些傷害你的東西，那麼你心中的裂縫當然會日益擴大，如果你願意試著去找一些可以讓自己更好的事物，試著用文字去釐清，去找出生活中那些如寶石般閃亮的片刻，你當然會過得越來越好，越來越開心，也越來越能從每一次的情緒不穩或痛苦中走出來。

去找出自己真正喜歡的、對自己有益的，以及真正重要的人的意見；然後先別急著拒絕，至少這一次，試著用這三條守則，把這些統統放進自己的生活吧！

#每個人的聲音都值得分享

以前網路還不發達時，大家常看報刊雜誌，每一份報紙上都有社論的版面，也都有家庭副刊類的版面，這些版面通常都是讓讀者投書，不論是社會事件還是各類評論，不論是家庭、生活、工作心情或是小孩的趣事，我們每次翻閱報紙就像在翻閱別人的人生。

但又為什麼會有這些版面呢？

某個時期以前，報紙是靠武俠小說來撐銷售量的，透過小說吸引讀者續購，過去曾經有早報晚報，也曾有以明星或運動為主題的報紙，現在我們在網路上隨意看到的一則新聞，過去必須要透過報紙或電視節目播報才會知道。

漸漸地，報紙從黑白變彩色，然後內容越來越多元，除了社會新聞也有家庭版，還有文學類的副刊，世界因為資訊流通近在咫尺。

隨著社群飛速發展，現在我們不出門也能看到首播的電影和影集，手機或電腦打開隨手一滑，會看見身旁朋友分享的照片跟打卡，國內外的新聞，也會看見來自世界各地的可愛動物影片集錦。

我們點開直播，看著熟悉的網紅在我們面前分享他的所知所見，還會因為網紅的業配而衝動下單買下一大堆東西，漂亮的衣服跟保養品，精緻的擺設跟實用的收納用品都因為這些推薦而讓人心動。

現在，因為網路與社群網站的關係，人每天接觸到的訊息很多很多，也時常能旁觀他人的喜怒哀樂，或是為了彼此的意見不合而吵成一團，但看過了別人精湛的表演與文字後，自己就不需要表達了嗎？

當然不是，同樣一件事，你有你的感覺，我也有我的感覺。

你對自己興趣嗜好的深入挖掘，看起來好像只是你自己一個人的偏好而已，但如果你願意分享出來，也許你就會意外為自己的生活打開一條嶄新的道路。有人因為愛看電影所以試著去寫影評，最後走上電影這條路，你的所有興趣嗜好，你的追求與深度，都是值得好好挖掘並且長期發展的。

這世上並沒有一條規定是一旦有人發表過關於什麼的想法，其他人就不能再發表或發聲，只要你願意分享自己的心情，想表達自己當下的情感與意見，就能表達。

#用文字去冒險，開創自己的可能性

當我們經歷了一些事，可能同時也經歷了開心或沮喪等情緒，無論是誰，都一定會有自己更深入一點的感覺跟想法。表面上的高興，跟留在心裡能夠細細咀嚼許久的事情，一定不一樣，就好像食物有酸甜苦辣的滋味，巧克力也有超級甜、超級苦，跟苦中帶甜的，還有些巧克力是酒心巧克力，裡面藏著白蘭地。

電影《阿甘正傳》說：「人生就像一盒巧克力，你不知道下一顆會吃到什麼。」

倘若你的人生是巧克力，你的巧克力裡面放的餡料，就如同你的人生經歷，你的性格與選擇，層層篩選之後，選出來的內餡。

也許跟其他人的口味乍看很像，吃起來可能也差不多，但細細品味，就會發現，同樣一件事情，同樣一塊蛋糕，你在不同的時間吃，每次吃不同的分量或是搭配不同飲品，都會感受口感的細微不同，而那些細微差異，就是這個世界上為什麼會存在這麼多種故事的真正原因。

臺灣每年有四萬本書會上市，有些書會登上暢銷排行榜，有些書會放在書店的某一些角落，還有一些根本沒有機會擺上書店平臺。

有些透過電視或口耳相傳販售，有些則是只走校園通路。你只可能在學校發下來的傳單上看到書名與介紹，但卻無法在書店翻到那本書。

每一本書的背後，都有一個作者的殷切叮嚀，每一個寫作者都有滿腔的熱情想傾吐，而每一個人，都有自己的故事可以書寫。

至於寫作題材，你可以從過去現有的一切開始寫，也可以為自己的好奇心開拓可能性，或是單純把學習過程記錄下來。

如果你喜歡做手工，那可以寫一些跟手工有關的文章，即便是想要當網紅達人，透過影片來傳遞自己的品味，文字也能在這之上加分。

如果你喜歡做菜，也可以寫食譜分享，還能寫食記跟飲食散文，可以追溯一道料理的前世今生，也可以單純在跟朋友去好吃的餐廳吃飯時，除了拍照打卡，把自己當下的心情與收穫，透過寥寥幾句記錄下來。

畫畫、攝影、做菜、飲食、旅遊、電影、音樂、散步、跑步、瑜珈……無論你喜歡什麼，都可以把這些東西轉為文字，透過文字，讓這些交織在你生命中珍貴的記憶跟過程，成為你未來的寶藏。

不要擔心這個題材跟想法是不是有成千上萬的人寫過，因為這是你的人生，是你的故事，是你精心製作的巧克力。

文字與題材會因為不同的人而有不同的效果，你的故事絕對會跟別人不同，因為我們都是不同的個體。

這世界上也許存在著一模一樣的想法，可是並不存在想法跟思考模式也一模一樣的人，就連雙胞胎都會個性不同了，更遑論此刻捧起此書的你。

這個時代，是一個大多數人都面目模糊的時代，我們很容易崇拜同一種美學，渴望瘦得跟大明星一樣，渴望有美麗的外表或是名牌包加持，可是真正的個人魅力，真正的個人特色，美好的人生並不是靠模仿得來，而是靠我們每一個人如何挖掘、如何實踐，日積月累而來。

你可以用文字展開冒險，就像曾有一個作家，因為觸犯了當時的法律，被禁足一個月，在這個月中，他以這是一場《自己房間裡的旅行》，寫了一本小說。房間裡的大小物件與裝飾、故事的主角（也可以看作是他本人）跟為他送飯，打點生活的僕人之間瑣碎而有趣的互動，就成了這本小說的主要內容。

你也可以透過文字來深入挖掘自己，像剝開洋蔥或打開禮物盒一樣，去了解自己為什麼會有這樣的想法，為什麼會有那樣的情緒，為什麼時常經歷某一些感覺，這些都是很珍貴的寫作素材，也是很棒的寫作機會。

如果你擔心自己寫得不夠有深度，也可以放鬆一點，以自由書寫的方式來寫草稿，即便只是在紙上跟自己一人分飾二角自問自答，都能找到自己還沒發現的深層想法與感覺。

你可以靠文字沉澱心情，可以靠文字來展開新的故事，還可以用文字來幫自己加油打氣，透過文字去冒險，也是我們開一扇窗的方式。

請隨性而開放的試試看吧！

PART 6　生活的解藥

情緒檢查表與自我提案

一個人的過去由命運決定，

但是你的今天以及明天，由現在的你決定

為過去與未來劃分界線，既往不究。

第一節

情緒是一面鏡子

自卑、恐懼、焦慮、情緒化；

完美主義、掌控慾、理性；

我不知道自己的人生應該怎樣，但肯定不是現在這樣。

覺得自己需要更懂得愛自己：

覺得迷惘，不確定未來；

總是為日常的決定糾結不已，煩惱瑣碎的事情。

以上這些，是你現在的煩惱嗎？

這些問題，其實都能透過寫作來解決，只要你願意動筆，釐清自己的情緒與情緒背後真正的渴求，就能擺脫情緒困境，走上自己人生的坦途。

從前面拆解日記的章節中，你應該已經發現自己常有的情緒跟狀態，在這邊希望你能試著理解你的情緒，你的情緒是你的保護者，也是你的鏡子。

#你生活中最常出現的情緒有哪些？

一・開心、舒服	二・不開心、有心事	三・孤獨、沒力氣	四・心跳加速、壓力	五・憤怒	六、其他（可延伸補充）
開心 舒暢	難過 委屈	寂寞 孤獨	驚訝 尷尬	不滿 生氣	惋惜 憐憫
期待 興奮	悲傷 憂鬱	迷惘 茫然	緊張 害怕	憤怒 煩躁	慚愧 懊惱
幸福 滿足	沮喪 後悔	自卑 空虛	擔心 不安	厭惡 反感	膽怯 慌張
熱情 振奮	失望 內疚	無奈 無助	焦慮 著急	嫉妒 憎恨	忍耐 克制
感動 驚喜	煩悶 痛苦	落寞 頹廢	糾結 懷疑		

#檢視情緒

如果想要更具體地、更深入地檢視自己的情緒，可以參考下列題目：

1. 過去最常出現的情緒有哪些，為什麼？（請試著詳細描寫）
2. 你當時的感覺是？（如果想不出來可以參考上面列出的情緒）
3. 現在的感覺是什麼呢？（同上）
4. 有什麼感覺從那個時候延續到現在？
5. 有什麼感覺雖然當時很強烈但現在已經沒感覺？
6. 如果現在的你有機會傳一封簡訊給過去正在經歷那些情緒的自己，你會對自己說什麼？

#你怎樣照顧自己，就怎樣度過一輩子

在分類自己寫下的情緒跟常有的感覺的時候，哪些類別的比較多呢？大多都是因為誰？又都是為了些什麼樣的原因？

人生中有些情緒課題會反覆出現，這並不代表你不好，糟糕的經歷一再重複，往往是因為沒有真正理解自己的爆點，所以當你又遇到某個情緒並且像翻舊帳一樣一起大爆炸，請記得多給自己一點包容跟安全感，慢慢拆解情緒背後糾結的心情。

如果還無法面對，暫時不面對也可以，沒人規定傷口多久就得好，你可以不面對，尊重自己的感受，才能真正好起來。

情緒的出現與存在都是一時的，煩惱都是階段性的，相同的煩惱不會持續一生。如果你的情緒生病了，生病的你，還是你，並不會變成另一個人，只是不適合再壓抑了。請試著找尋更適合現在及未來自己的生活方式跟紓壓方式。

此外，有沒有比較少出現的情緒，甚至沒有被勾選的呢？可以試著對照那些沒有出現的情緒看看，問問自己，是因為什麼原因所以不太有這些情緒呢？這裡面可能隱藏著你的優勢跟長處，也有可能隱藏著你忽略的部分，可以試著挖掘看看。

給你的提醒：擺脫不存在的枷鎖&心魔

- 過去做過的事是枷鎖，還沒做過的事情是限制，在做與不做間糾結的是焦慮；你在哪一個階段呢？
- 記憶就跟收藏品一樣，可以由自己取捨，痛苦的過去可以捨棄，你不用背負所有責任與枷鎖。
- 並沒有一個別人在限制你，你不需要完美就已經很有價值了。
- 價值觀也要斷捨離，勇敢捨棄自己不想要的東西吧！

第二節——

好的提案可以讓你成爲更好的自己

#試著寫自己的使用說明書

書寫心靈，寫的是自己的使用說明書，寫的也是自己想要的人生藍圖，更是自己的人生故事。

無論是哪一種情緒或感覺，無論是哪一種生活方式，不要管別人怎麼想，怎麼評判，因為這是你的生命，你的每一個喜怒哀樂都有意義，而你是這世界上唯一能給自己定義的人。

請仔細聆聽自己內心最真實的聲音吧！

成長跟改變要從自我定位開始，當你知道自己現在的模樣及未來想要的藍圖，就能好好制定計畫，一步步地朝夢想邁進，你的念頭、想法、計畫乃至行動，都會帶你抵達你想去的地方，所以讓我們試著來寫自己的使用說明書吧！

你最常出現的情緒是那些？	（可對照前面的情緒表）
你希望別人如何應對你這些情緒？	希望被安撫？希望被肯定？希望對方說沒關係？或者希望別人付出行動？每一次情緒對應的狀況都不同，試著把這些部分列出來。
你自己通常是怎麼處理這些情緒的？	是壓抑住，寫下來，放旁邊，還是跟朋友家人討論這些經驗跟心情？
經過你自己的方式處理後，這些情緒帶給你實質上的結果是什麼？	經過前述的處理後，你感覺好多了嗎？事情有沒有改善？跟你想要的結果差距大嗎？
你希望擁有什麼樣的生活與人生？	你想過的生活是收入穩定，身心平衡，能常常出國旅遊或是時常進修？（累積很多生活點滴就會慢慢構建你的生命，變成你的人生）。
你希望別人怎麼形容你？你最喜歡的形容詞是哪一個？	大膽一點，當成許願也可以。
如果可以不考慮現況，你最想過的生活是什麼樣子？具備哪些條件跟環境？	不考慮現況意味著：不要管現在做不做得到，試著去暢快地發想看看。
你有伴侶嗎？你希望你的伴侶具備什麼特質？你們的相處模式又是如何？	是相敬如賓，還是可以一起耍廢一起玩樂？是回到家看見彼此就很安心，還是可以一起去打拚闖蕩，創造一個美好的家？

#我的人生與生活由我自己設計（空格請填入自己想要的目標）

我想過的生活是：	我天生的個性是：	我希望自己是什麼樣的人？
我最擅長：	我是○○○	我喜歡的顏色：
我的夢想是：	我追求的心靈成長：	我想做的工作：

#你可以按照自己的想法來過自己的人生

許多人渴望寫作，不管作文是否在學校受到老師的肯定，都無損他們熱愛閱讀且期盼駕馭文字的心情，他們多麼渴望能寫出讓自己驕傲的文字，多麼希望哪一天，自己也能以文字觸動他人。

如果今天寫作並不是為了要當作家，並不是為了要迎合市場出書賣錢，那麼，只為自己寫作可以嗎？只為了挖掘自己內心的感動，與記錄生命中的每一個美好或痛苦的事物，記錄下自己的人生與感觸，可以嗎？

我常聽到很多人問我，「我過去沒有寫作經驗，也不太會寫作，我真的可以寫嗎？」

我總是會不厭其煩地說，可以！當然可以！

我們生活在一個自由的世界，網路讓很多人多了一個除了現實以外的新世界，可以發揮所長，也可以結交到許多志同道合的朋友。

現實中因為生活圈跟職業圈的限制，我們未必能夠認識跟自己有著同樣偏門興趣的夥伴，但在網路卻可以；現實中你寫出來的文章如果沒有投稿或是主動拿給別人看，很難讓自己的作品被看見，但網路不是。

你只要隨意打開一個部落格、IG或粉絲團、甚至是直播或YouTube影片，就能馬上找到很美的圖或文字，也能快速認識一個人或一首歌，你若是想要創作，網路上也有各種管道，可以讓你實驗或是實現自我，無論你是喜歡畫畫還是寫作，喜歡手作還是其他，或者如果你手寫字很漂亮，你也可以透過手寫來傳遞自己的想法跟作品。

你不需要壓抑自己的專長、喜好或特色，你可以按照自己的選擇來過自己想要的人生。

不管我們今天選擇的是離開家鄉去大城市甚至是國外發展，還是選擇當一個普通的公務員，當我們需要安全感，我們會自動自發尋找安全感，並不需要別人逼我們去追求。當我們需要歡笑或刺激，我們可能會跟朋友約出去吃飯，去唱歌看電影，或是追求美好品質的人生。

至於生活模式這種事，也許身旁的人會影響我們一些，但要不要養成運動習慣，勤跑健身房；要不要去上跟工作有關的課程追求自我成長，要不要出國打工度假；要不要為了讓父母安心，去考公務人員，要不要追求夢想或者要不要創作或成為一個

YouTuber，從來不是別人能越過你決定的。

是我們決定要堅守某一種原則，讓自己的生命裡只留下對的人事物。

也是我們自己決定了自己的人生與樂趣，是我們決定了自己可以往前走。

結語

任何事物都需要時間

在漫長的生命過程中，人們常常遺忘時間的重要性。

一塊香甜可口的麵包、

一瓶陳年老甕的醬油、

一杯充滿韻味的老酒；

事事物物，都需要漫長的時間來醞釀。

好作品需要醞釀，也需要累積，透過創作探索自己也是。

文字是你每一個當下最好的朋友，只要你願意寫，寫作就是你最好的朋友，最棒的鏡子，它會記錄你的人生，陪你走過喜怒哀樂，最終陪著你，抵達自己。

附錄

沒力寫作課學生心得

回憶起來很多感觸、原來寫作是這樣子的感覺。

當時剛參與寫作課程時，我很執著於自己文筆不夠好的問題，透過心靈寫作課程，我意識到更多比技術層面更重要的事情——寫作不是武術大會、只看文筆高低的格局，而是充滿各種可能性的世界。

透過心靈寫作，將隱藏在內心深處中的各種矛盾，慢慢挖掘出來、精煉跟提升。發現自己更多面貌是一種樂趣。寫作從痛苦的成長，變成一種挖寶的樂趣。這轉變的過程，我認為是心靈寫作課程最珍貴之處。

——學生 Fang

會想參加沒力的心靈寫作課是因為想看更深層的自己，想要清除在潛意識裡面的絆腳石，被別人絆倒就算了，自己絆倒自己不就太虧了嗎？隨著課程的進行，平常心裡的OS因為化成文字而變得有條理起來，課程進行到一半，其實就開始走出舒適區，會強迫自己去思考平常不會去看的部分。寫下來，一方面去轉念，一方面騰出更多的空間放進新的想法和空間。而且沒力有種魔力，會讓人想對她傾訴，並且期待她的回答。在沒力的陪伴下，我蛻變成美好的自己，而這個自己，本來就在我的深處！謝謝沒力♡

——學生　玉蘋

曾經寫過文章一段時間，後來隨著生活和工作的改變，漸漸地忘記了這件事。在mail往來的過程中，又想起了過去自己用文字朝虛空某處丟石頭的日子，每個字每個段落都是我的一部分，以為存著不動也無所謂，但寫了之後才發現，經驗和記憶是水，沒有石頭打擾，便失去優美的波紋和擾動。

謝謝沒力細心的文字往來，也期許自己細水長流地寫下去。

——學生　Pin

心靈書寫讓我和自己和平相處。生活中總有高低起伏、困難與壓力，曾幾何時，種種不愉快已經塞滿了我的腦袋到爆出來，時序錯亂地交雜在一起，無法好好地思考下一步要怎麼走，許多待解問題向我討債。心靈書寫將我的腦袋清空，煩燥的心情得到舒緩，也較能清楚對外表達自已的想法。它讓我將心情釋放在紙張上，煩惱一條條被清楚地條列，防止混亂的思緒放大數倍影響了自身的感受。你也應該試試看。

——學生 Roger

再度回味那時參加沒力的心靈寫作課所寫下的文章，非常感謝自己願意用文字寫下，讓我有機會去回憶和整理，在過程中不管自己是憤怒、勉強還是懷疑，沒力都會溫柔地提醒我這些情緒都是再正常不過。藉由寫作找到情緒背後的原因，所以沒力建議每天寫日記對我來說挺重要的，因為很多情緒我時常選擇忽略，透過下筆的一字一句嘗試慢慢接納自己。也謝謝沒力，每次的寫作課都很期待老師的回覆和分享☺

——學生 靜怡

跟著老師進行寫作練習，有點像是在算著自己身上的刺，一根一根清點、擦拭，自由地選擇時機跟自己多一點細緻的相處。課程內容非常的療癒、讓人放鬆，實際上要動筆竟像是穿上陌生材質的高領毛衣，總有說不出來的癢與怪，卻會在完成練習後發現，本來以為是心刺的都化成結晶；看著作業就好像手裡捧了只滿滿的珠寶盒，心滿意足。

——學生　企鵝

在人生的旅途上，有時候，我們會需要擔任「導師」角色的人，來陪我們走一段路。知識授業的導師們好找，但在心靈成長方面的導師們卻難尋。我會遇到沒力，是在一段內心很煎熬的日子裡，我在觀察沒力的社群平臺跟部落格好一陣子之後，決定來試試看寫作課，然後……好幾年就這樣過去了。

我斷斷續續地上課，覺得有需要了就又跑回去續課。從一開始激動的時候會上到掉眼淚，沒力講話針針見血，戳到我痛到不行；到現在我已經能充滿歡樂平靜安穩充實地好好地把課上完，摩拳擦掌再準備上下一堂。在這個過程裡我學到了非常多的東西，也放下了非常多莫名其妙的執著，我的個性也經歷了非常巨大的轉變。我無法一一細數我從這門課到底獲得了多少東西，但是這個過程讓我充滿了收穫及感恩。

改變的這條路上，會有很多不舒服的痛苦的地方，也常常會出現想要落淚的時刻，更多的是無形之中難以解釋的辛苦，甚至會對改變的未知充滿恐懼。但是沒有關係，只要有意願想改變，一步一步走，不要著急，等你走到一個相對舒適的地方，再回頭望，會很驚奇地發現原來自己已經脫離泥淖，走了這麼遠的路。

而在這個充滿顛簸的過程中，如果有人陪伴跟導引，真的會讓人充滿溫馨及安全感。願我們都能走向自己心目中的美滿人生。

——學生 米緹香

沒力，給力。沒力老師不只是位書寫老師，更像一位心靈好友和心理諮商師。沒力老師不會敷衍，每一篇文章你都會感受到她的用心閱讀和真誠回饋。除了寫作技巧，她也洞悉人性，她會刻畫出你尚未遇到的自己，經由她的耐心聆聽和導航，經由她精心設計的課程，經由不同的寫作方式，你會越來越「了解自己」和「抵達未知的自己」。

——學生 Aileen

獲邀沒力新書心得分享的隔日清晨半醒之時，出現一個畫面。

我拿著一支鉛筆在一張白紙上胡亂地畫，從一個點開始依著自己的手腕的韻律，這條一筆到底的線條，就像貓玩毛線般交錯打結，混亂，這大概就是最初的我。

從十年前開始，上了課後跟著沒力觀察生活，這中間透過了很多本書、很多次交談、討論了各式電影跟戲劇，帶著我發現世界上各種的情感、邏輯，以及生活的各式面貌，也因此從外在世界觀察自己的內在世界。

我對自己、對生活中的「為什麼」抱著最大的疑惑跟焦慮，心靈寫作過程中，那些靠著直覺情緒胡亂糾纏的線條因此有所改變。當我再下筆之時，書寫文字、梳理情緒，直到打下句號，再抬起頭來時已是逐漸清晰的自己。即使無法一勞永逸，但不同的是那張白紙上鉛筆線條再次纏繞死結時，我會很安心地知道只要重新下筆，我總能找到混亂的源頭，找到自己想要的答案。

走過這些，我想心靈寫作就是這麼一回事吧。

——學生 Ruru

VIEW系列 094

寫吧！為了抵達自己

放下自卑與恐懼，重新認識自己的寫作練習

作　者—沒力史翠普
主　編—陳信宏
責任編輯—王瓊苹
責任企畫—吳美瑤
封面插畫—HOM
封面設計—Ancy Pi
內頁排版—極翔企業有限公司
編輯總監—蘇清霖
董事長—趙政岷
出版者—時報文化出版企業股份有限公司
108019台北市和平西路三段二四〇號三樓
發行專線—（〇二）二三〇六—六八四二
讀者服務專線—〇八〇〇—二三一—七〇五
（〇二）二三〇四—七一〇三
讀者服務傳真—（〇二）二三〇四—六八五八
郵撥—一九三四四七二四時報文化出版公司
信箱—一〇八九九臺北華江橋郵局第九九信箱
時報悅讀網—https://www.readingtimes.com.tw
電子郵件信箱—newlife@readingtimes.com.tw
第二編輯部臉書—http://www.facebook.com/readingtimes.2
法律顧問—理律法律事務所　陳長文律師、李念祖律師
印　刷—勁達印刷有限公司
初版一刷—二〇二一年六月十一日
定　價—新台幣三〇〇元

時報文化出版公司成立於一九七五年，
並於一九九九年股票上櫃公開發行，於二〇〇八年脫離中時集團非屬旺中，
以「尊重智慧與創意的文化事業」為信念。

寫吧！為了抵達自己：放下自卑與恐懼，重新認識自己的寫作練習/沒力史翠普著. -- 初版. -- 臺北市：時報文化出版企業股份有限公司, 2021.06

面；　公分 (View ; 94)

ISBN 978-957-13-9027-7 (平裝)

1. 靈修

192.1　　110007852

ISBN 978-957-13-9027-7
Printed in Taiwan